HEIDI BRITZ-CRECELIUS

KINDERSPIEL – LEBENSENTSCHEIDEND

MEINER TANTE LUISE CRECELIUS
GEWIDMET

[redacted]

HEIDI BRITZ-CRECELIUS

Kinderspiel – lebensentscheidend

URACHHAUS

ISBN 3 87838 255 3

5. Auflage 22.–27. Tausend 1987

Satz und Druck der Offizin Chr. Scheufele, Stuttgart.

INHALT

ZUM GELEIT

»... So schreitet in dem engen Bretterhaus
den ganzen Kreis der Schöpfung aus
und wandelt mit bedächtger Schnelle
vom Himmel durch die Welt zur Hölle!«*

Dies fordert der Theaterdirektor vom Dichter. So weit reicht das Spiel der großen Leute, das Theater: Vom Himmel durch die Welt zur Hölle.

Ebensoweit reicht das Kinderspiel: Es gibt nichts von alledem, was Menschen tun, kennen, sehen, denken, hoffen und fürchten, das nicht im Spiel der Kinder schon begonnen, erfahren, geübt oder doch geahnt würde.

Auch das Kinderspiel reicht vom Himmel durch die Welt zur Hölle; und wie um das zu bekräftigen, gibt es sogar einige Kinderspiele, die »Himmel und Hölle« heißen.

Wollen wir dieses weite Gebiet durchschreiten, ohne den Überblick zu verlieren, so sollten wir eine Reihenfolge der einzelnen Bereiche einhalten. Wenn wir dabei

* J.W.v.Goethe, Faust I. Vorspiel auf dem Theater

auch »im Himmel« anfangen, so wollen wir doch nicht »in der Hölle« enden, sondern in der Mitte, beim Kinde selbst, dort, wo ein Mensch zu sich selber »ich« sagt.

Ein Menschenwesen – aus der Ewigkeit stammend, in die Gesetze von Raum und Zeit gebannt, dem Kosmos angehörend, unserer Erde verhaftet, seinem Leibe nach den Tieren zugeordnet, lebendig wie Baum und Gras, der menschlichen Gesellschaft verpflichtet – bleibt im Innersten doch dem Geiste verwandt, der alles umfaßt. So nah kommen sich das Allerinnerste und das Allesumfassende, daß es schwerfallen kann, die Grenze festzulegen.

»Nichts ist drinnen, nichts ist draußen;
Denn was innen, das ist außen.«

(Goethe)

RAUM UND ZEIT

Wenngleich das Kind mit seinem Leibe Raum einnimmt und wenn es auch – von Herzschlag zu Herzschlag, von Atemzug zu Atemzug – Zeit mißt, so sind doch Raum und Zeit derart beschaffen, daß das Wahrnehmen und Erforschen derselben große Anforderungen an solch ein kleines Menschlein stellt. Unzählige frühe Übungen und Spiele dienen dem Erfahren und Einverleiben von Raum-Zeit-Zusammenhängen.

Nähe oder Ferne, Erreichbarkeit oder Unerreichbarkeit von erblickten Gegenständen machen die ersten Greifversuche zum Abenteuer. Die Rassel kann man erwischen, den schönen hellen Mond aber nicht!

Die Zeitspanne zwischen dem Erkennen der Flasche in Mutters Hand und dem Schmecken des ersten Schlucks Milch stellt die kleine Ungeduld auf eine harte Probe. Zu den Erwachsenen spricht Paulus: »... Geduld bringt Erfahrung ...«, dem kleinen Kinde aber ermöglicht erst die Erfahrung eines sich wiederholenden zeitlichen Ablaufs, so etwas wie eine frühe Vorstufe der Geduld zu erreichen, der Geduld, die etwas mit Vertrauen zu tun hat.

Schon beim ganz kleinen Kind fängt also die Entwicklung von Vertrauen und Geduld an; und schon beim ganz kleinen Kind müssen wir darauf bedacht sein, diese Entwicklung nicht zu stören, indem wir das Vertrauen des Kindes täuschen. Wird die Flasche vorgezeigt, so muß auch die Mahlzeit folgen. Heißt es: Jetzt gehn wir »Ada-Ada«, so soll das immer nur dann gesagt werden, wenn eine Ausfahrt unmittelbar bevorsteht, und nicht etwa bloß, weil das Kind dann nach dem Ausgehhäubchen schaut oder weil es so herzig zu winken anfängt – und man diese Intelligenzleistung der gerührten Verwandtschaft vorführen möchte.

Kinder sind keine Aufzieh-Automaten. Man kann sie zwar vorübergehend dazu machen und »in allen Gangarten vorführen«; aber das pflegt sich zu rächen, wenn auch nicht stets zum gleichen Zeitpunkt und nicht immer in der gleichen Weise.

Mit den Dingen, die es sieht, ergreift, bewegt, wieder los- oder gar hinunterfallen läßt, findet das Kind sein Verhältnis zum Raum, zur Zeit, zu den Naturgesetzen, zu vielerlei, das sich später als meßbar, wägbar, berechenbar herausstellen wird.

Vom zwölften Monat an widmete sich einer meiner Patensöhne viele Wochen lang seinem eigenen Raum- und Mengenspiel. Immer wenn ihm viele gleichartige Dinge zur Verfügung standen, etwa Bälle, Klötzchen, Quitten oder anderes Obst oder auch sechs leuchtend rote Lacktellerchen, verteilte er diese Dinge im Zimmer und schaute sich den Erfolg eine Weile an, worauf er dann auf unsicheren Beinchen Stück um Stück ansteuerte, es mühsam aufhob und alles wieder einsammelte. Die Ansammlung wurde befriedigt betrachtet und das Verteilen begann aufs Neue. Schöner noch als das Klappern der Tellerchen oder das Kollern der rollenden Quitten war das lautlose Herabschweben von Tempotaschentüchern, die dann so still und flach auf dem Teppich lagen, bis sie wieder als lockere Masse auf das Sofa gehäuft wurden.

Wochenlang ließ die kluge Mutter das Kind ungestört bei diesem Spiel. Ebenso ging sie monatelang mit dem Sohn in die Anlage, wo er Tag für Tag immer den gleichen kleinen Abhang hinaufkletterte und wieder herunterkam, geklettert oder gepurzelt, je nachdem. Je nach dem Wetter war das Kind bei der Heimkehr mit Staub, Schlamm oder Schnee bedeckt – aber stets strahlend und tief befriedigt. Es hatte Körperbeherrschung und Geländegängigkeit geübt und die Wohltat der Wiederholung genossen.

Richard Harlacher schreibt in »Lernen im Spiel«[1]: »Die Spielzeuge sind für das Kind gänzlich unpoetische Experimentiergeräte für sein erstes Eindringen in den geheiligten Bezirk der Physik – die also nicht erst in der Tertia beginnt. Und der Physiklehrer wäre übel dran, müßte er ohne diese Vorschulexperimente beginnen.

Die Kugel, die Rassel, der Löffel fallen also zunächst vom hohen Bord des Stubenwagens auf den Boden. Der

Aufschlag klingt verschieden, je nachdem, ob Löffel, Holzkugel oder Gummiball flog. Das Ohr stellt durch immer wiederholtes Fallenlassen den Schallwert des Aufschlages fest. Jahre später steht der gleiche Physiklehrling an der Brücke und probiert aus, wie lange die Spucke braucht bis zur Wasseroberfläche – oder bis zur Besatzung des vorüberfahrenden Bootes. Er ist inzwischen bei Galilei angekommen.

Sobald die Muskelkraft es erlaubt, wird das Geschirr durch die Luft geworfen, bis es an Tür oder Schrank auf Widerstand trifft und kraftlos zu Boden fällt. Zum freien Fall gesellt sich die Erfahrung des Vorwärts, Rückwärts und die Senkrechte nach oben. Der wachsenden Wurfkraft gelingt es, die erste Flugbahn herzustellen und zu beobachten. Einige Semester später muß man nur noch den feinen Namen ›Parabel‹ dazulernen und natürlich die Berechnung. Der fliegende Löffel, er soll glitzern, dient als Hilfslinie – man möchte fast sagen Leuchtspurmunition – bei dieser Übung, die Ziel, Sehnerv und Wurfkraft koordiniert. Der Raum mit seinen Dimensionen wird erobert, Entfernungen werden in die zunehmende Schätzerfahrung eingebaut. Die Schallmessung kommt hinzu: Vom Schrank kommt die Treffermeldung rascher zurück als von der Tür. Die mit eigenem Kraftaufwand zustandekommende Wirkung wird festgestellt und der ›Treibsatz‹ dieser Erfahrung angepaßt...

Sind Bälle und fliegende Bauklötze bunt, dann verbinden sich diese Spiele mit der Pflege des Farbensinns.

Ein Ball, der in seiner Flugbahn mitten durch ein Bündel Sonnenstrahlen schießt und dabei in Farben aufleuchtet, bereichert den Versuch um das Farberlebnis. Ein Lehrstück besonderer Art bringt der kleine Lebensschüler hinter sich, wenn er den hinausgeworfenen Teddy oder Hampelmann durch das Gitter des Bettchens wieder hereinangeln will. Quer zum Gitter! Maunzend, tobend und schließlich unter Tränen lachend, wenn er endlich begriffen hat, wie der Ulmer Spatz das angestellt hat. Wir Erwachsenen schalten falsch, finden wir das ›possierlich‹. Was muß sich aber der kleine Ingenieur denken, wenn wir seine gewichtigen Versuche so wenig ernst nehmen? Oder wenn wir ungeduldig werden und ihm ›helfen‹, weil er den Deckel einer Pappschachtel erst beim 10. Male ohne Verklemmung drauf bringt?«

Das ist jedoch nicht alles, was kleine Kinder an ihren ersten Spielsachen erfahren. Mit allen Sinnen werden diese Dinge ja erforscht: befühlt, betrachtet, behorcht, berochen und angelutscht. Sie sollten wirklich nicht alle aus dem unergiebigen Plastikmaterial bestehen. Wer weiß noch, wie verschieden Holz schmecken kann – unlackiert, versteht sich! Vielleicht sogar mal ein ganz frisch geschnittenes und geschältes Stück von einem Weidenast? Leder schmeckt und riecht ganz anders als Gummi oder etwa die so ganz aus der Mode gekommene Veilchenwurzel zum Durchbeißen der ersten Zähnchen.

Und bitte, wenn an dem Stubenwagen ein Glöckchen

angebracht werden soll, dann nicht das erste beste. Lieber probiert man einen ganzen Karton voller Glöckchen durch, bis man ein wirklich lieblich klingendes gefunden hat.

Nicht gleichgültig soll es uns sein, wie die Dinge beschaffen sind, von denen unser Liebling umgeben ist. Eben weil er es noch nicht versteht, eben weil alle Eindrücke noch ungeprüft und ungesiebt in sein bildsames Gemüt einsinken.

Allenthalben stößt die moderne psychologische und medizinische Forschung auf den entscheidenden Einfluß, den Eindrücke und Erlebnisse aus der frühesten Kinderzeit auf die körperliche und geistige Entwicklung eines Menschen ausüben können. Die Verzeichnisse elterlichen Fehlverhaltens, durch das schon im kleinen Kind »Komplexe und Frustrationen entstehen«, sind so reichhaltig und je nach Autor so verschieden, daß beim Studium derselben sehr leicht »Komplexe und Frustrationen« bei den armen Eltern auftreten können. Da es zu jedem Fehler auch den entgegengesetzten gibt, braucht man sich nicht zu wundern über die Verwirrung und Unsicherheit, die sich in Elternköpfen und Kinderstuben ausbreitet. Ein Beispiel: Das Kleinkind braucht Ansprache, Zuwendung und Anregung. Fehlt es daran, so erkrankt es an Hospitalismus. Das haben wir inzwischen wohl gelernt. Auf den entgegengesetzten Fehler im Umgang mit kleinen Kindern und auf seine Folgen hat mich meine Schwester hingewiesen. Sie hat jahrelang als

Säuglingsschwester in Familien, Kliniken und Heimen gearbeitet:

Die frühen Experimentierspiele kleiner Kinder werden oft ohne Notwendigkeit gestört und unterbrochen. Da sitzt die junge Mutti am Gitterbettchen ihres Ersten (beim Zweiten ist dazu schon weniger Zeit!) und sieht zu, wie das Kleine immer wieder versucht, einen roten Würfel auf den blauen zu stellen, Spitze voraus. Schließlich hat die Mutter genug von dem Anblick und sie fragt: »Ei, wo ist denn die liebe Puppa?« Das Kind läßt seine Klötzchen los und schaut sich nach der Puppe um, findet sie und beginnt, das Puppengesicht abzulecken. Leckt und leckt, bis die Mutter den Teddy aufmarschieren läßt: »Brumm, brumm, da kommt ja unser guter Teddy!« Das Kind wendet sich von der Puppe ab und ergreift den Teddy. Es dreht ihn hin und her und biegt ihm schließlich das eine Bein auf und ab, auf und ab, bis – ja, bis es der Mutter langweilig wird und sie das Kind auf den Ball aufmerksam macht. Höflich läßt es sich zum drittenmal ablenken und spielt nun mit dem Ball. So verbringt die Mutter einen lustigen Nachmittag und merkt gar nicht, wie sie dabei ihrem Kind Ausdauer und Konzentrationsfähigkeit *abdressiert*. Sie gewöhnt ihm ab, bei einer Beschäftigung auszuharren, sich mit einer Sache gründlich über längere Zeit zu befassen.

Später wird sie dann klagen, das Vierjährige möge sich bei keinem Spiel verweilen. Ständig hänge es ihr an der

Schürze: »Mutti, was soll ich denn jetzt machen?« Noch später kommt dann der Jammer mit den Hausaufgaben, die vor lauter unkonzentriertem Rumgucken über den ganzen Nachmittag ausgedehnt werden. Schließlich geht man zum Schulpsychologen und verlangt ein wirksames Schnellrezept dagegen. Hat er das nicht, so taugt er eben nichts. Dabei war es die Mutter selbst, die ihrem Kind – sei es in bester Absicht, sei es ohne etwas dabei zu denken – Beharrlichkeit und Ausdauer verdorben hat.

Wenn moderne Erziehungspsychologen und Frühleseverfechter schreiben, ein Kind bleibe nicht länger als 75 oder allenfalls 90 Sekunden bei ein und derselben Beschäftigung, so können sie diese Beobachtung nur an solchen in ihrer Konzentrationsfähigkeit bereits geschädigten Kindern gemacht haben.

Es gibt Kleinkinder, auf deren Ausdauer unbedingt Verlaß ist. An zwei solche erinnere ich mich. Beide waren zum beschriebenen Zeitpunkt noch nicht zwei Jahre alt.

Der eine war bei seiner Tante zu Besuch. Im Garten stand eine sehr hohe Schaukel. Vor dem Mittagessen der Familie wurde der kleine Gast, der schon vorgespeist hatte, auf die Schaukel gesetzt und kräftig in Schwung gebracht. Nach der Mahlzeit ging dann jemand hinunter und hob ihn von dem nur noch leise schwankenden Brett herab, wo er in vollkommenem Behagen ausgehalten hatte. Den anderen setzte die Mutter auf einen Schemel, der auf einem Stuhl am Tisch stand. Da warf er zwei

Stecknadeln in ein Glasfläschchen, schüttelte sie darin und leerte sie dann auf den Tisch. Hierauf steckte er die Nadeln sorgfältig in ein Nadelkissen, freute sich dieses Erfolges, zog sie dann wieder raus und ließ sie in das Fläschchen klingeln. Das setzte er so lange fort, bis die Mutter aus dem Milchgeschäft zurückkam. Nie brauchte sie zu fürchten, das Kind würde des Spiels vorzeitig überdrüssig. Im Grunde war das sträflicher Leichtsinn. Vor Nachahmung wird dringend gewarnt! Die Mutter hätte das auch mit keinem ihrer anderen Kinder wagen können. Da hätte sie sich nicht so fest auf das Ausharren bei einem Spiel verlassen können.

Die Mutter eines Patensohnes pflegte von Zeit zu Zeit vom Balkon durch das Fenster des Kinderzimmers zu schauen, wie der Sohn – zuweilen über eine Stunde lang – eifrig mit seinen Klötzchen baute.

Es braucht nun niemand zu meinen, so viel Beharrungsvermögen sei einfach ein Zeichen für angeborene Trägheit, wenn nicht geradezu Faulheit. Der Beharrungskünstler auf der Schaukel ist längst zu einem ganz besonders fleißigen Mann herangewachsen. Auch der Flaschenspieler ist erwachsen, versteht sich zu regen und ist wohl zu gebrauchen.

Auf das Hantieren mit Gegenständen folgt als nächste Stufe der Raumeroberung die selbständige Fortbewegung: zuerst das Krabbeln als kurze Zwischenlösung – manche Kleinkinder überspringen diese Art des Vorwärtskommens, andere bringen es darin zu erstaunlicher

Vollkommenheit. – »Gell, Mami, wenn's Schwesterle krank wird, muß es ins Krankenhaus krabbeln!« überlegte ein fast dreijähriger Bruder.

Kaum hat ein Kind krabbeln gelernt, so versucht es auch schon, Höhe zu gewinnen. Ein köstliches Gerät zur Erfahrung von Höhenunterschieden ist eine Treppe, am angenehmsten natürlich eine gemütliche Holztreppe in einem Wohnraum. Hinaufkrabbeln, das ist schnell gelernt. Man kann es auch feierlicher machen und ein besonders geliebtes Bautürmchen auf die nächste Stufe stellen und dann erst nachklettern. Viel schwieriger geht es treppab. Aber welche Beruhigung für die Mutter, wenn sie weiß, das Kind dreht sich jedesmal zuverlässig um und versucht nicht mehr, mit dem Kopf voraus herunterzukriechen! Jetzt erst ist die Treppe erobert, und sie bleibt jahrelang ein besonders geliebter Spielplatz.

Nicht nur, daß eine Treppenstufe die ideale Sitzhöhe für ein kleines Kind hat, auch der Erwachsene, der auf einer Treppenstufe sitzt, ist plötzlich in wunderbarer Weise erreichbar geworden. Man kann sich so hinsetzen, daß man ebenso groß ist wie er oder sogar größer. Schoß, Schultern, Haare – niemand braucht das Kind hochzuheben, es gelangt über ein paar Stufen selber dahin, wo es gern hin möchte.

Mit eineinhalb Jahren war unser Enkel sehr besorgt um seinen Urgroßvater. Wo immer er ihn mühselig daherkommen sah, führte er ihn zum nächsten Sessel. Daß er den alten Mann in seinem Eifer dabei nie zu Fall gebracht hat, ist eigentlich ein Wunder. Die wesentlich rüstigere Urgroßmutter jedoch, die eines Tages zu Besuch kam, zog er entschlossen zur Dieletreppe, denn dort pflegen diejenigen Leute Platz zu nehmen, die mit den Kindern spielen wollen.

Diese Dieletreppe ist als Spieltreppe geplant. Das Geländer besteht aus Stäben, die bis zur Decke reichen. Der freistehende Pfosten unten ist ein Kletterpfosten. Wie manches Mal mußte ich auf die Uhr schauen: wer's am längsten oben aushält! Unzählige Kinder sind im Lauf der Jahre diese Treppe hinuntergerutscht, die meisten im Sitzen. Ein wohlgepolsterter Zweijähriger rutschte auf dem Bauch; seine Mutter soll's ebenso gemacht haben, jedoch im Gegensatz zum Sohn mit dem Kopf voraus.

Die ganze Treppe entlang sind in Kinder-Sitzhöhe Bilder an der Wand befestigt: schöne Eisenbahnen aus alten Bundesbahnkalendern und viele Tierbilder. Diese Bildergalerie hat schon die Söhne und deren Spielgefährten erfreut und wurde nach einem Jahrzehnt Pause für die Enkel wieder angebracht.

Für das kleine Kind ist die Treppe noch voller Überraschungen. Im Hinaufklettern wird man von Stufe zu Stufe größer, man kann Bälle oder Murmeln hinunterhopsen lassen, kollert vielleicht selbst ein paar Stufen hinunter – hoffentlich liegt unten ein Teppich oder doch wenigstens nichts Scharfkantiges.

Schließlich kommt der dritte Geburtstag näher, und man übt, mit beiden Füßen zugleich von den Treppenstufen hinunterzuspringen. Für den Enkel habe ich eine alte Matratze unten hingelegt; die Söhne haben es seinerzeit ohne Polsterung gelernt. Immerhin hatte der Enkel den Ehrgeiz, gleich von der vierten Stufe herabzuspringen, und hat es – nach einem schmerzhaften Fehlsprung – mit zusammengebissenen Zähnen auch geschafft.

Doch zurück zum Krabbelkind: Eines Tages, oft von eindrucksvollem Jubel begleitet, werden die ersten Schritte getan – aufrecht auf zwei Beinen. Der spielerisch ertastete Raum wird erobert, Schritt für Schritt. Mühsam ist es, Fuß vor Fuß zu setzen – ein Leben lang. Oft noch streckt das kleine Kind sein Händchen hoch: »Führ mich!« oder gar beide Ärmchen: »Trag mich!« Ein Bübchen trippelte in den ersten Wochen nach dem Gehenlernen immer mit einem hochgereckten »Führ-mich«-Ärmchen einher, ohne je dabei die Führung durch eine Menschenhand zu erwarten oder zu wünschen. – Wer mag ihn geführt haben, bis er seiner Beinchen sicher war?

Wie lieben es alle Kinder, zwischen zwei führenden Personen auf den Ruf: »Engele flieg!« nach vorn geschwungen zu werden! Auf jede Weise versucht der Mensch ein Leben lang, Schritte zu sparen und den Raum auf bequemere Weise zu überwinden. Da sind die Roller und Dreirädchen, das erste richtige Fahrrad, Schlitten und Ski, Roll- und Schlittschuhe. Später das Glücksgefühl, wenn das Moped unter dem Leib losknattert und den Wind um die Nase pfeifen läßt. So geht es weiter vom Auto zur Rakete.

Ehe jedoch die Menschheit anfing zu reiten oder gar zu fahren, hat sie Schritt für Schritt ihren Lebensraum betreten; und so soll auch das Kind gehen: gewohnte Wege, neue Wege. Das Erlebnis, wie ein fernes Ziel Schritt um Schritt näherrückt, wie man immer nur einen Schritt aufs Mal machen kann, das gehört zum Menschenleben! Wer den Weg unter die Füße nimmt, erlebt andere Dinge, als wer ihn unter den Rädern vorbeiflitzen sieht, und er lernt eines der Urmaße kennen: den Schritt.

Mein Vater pflegte die Sextaner stets als Auftakt zum Geometrie-Unterricht einen Grundriß des Schulhauses und Schulhofs zeichnen zu lassen im Maßstab: ein Doppelschritt gleich vier Millimeter. Die Bilder gerieten verschieden – je kürzer die Schrittchen, desto größer das Bild –, aber richtig waren sie alle. Dieses Erleben des »eigenen Maßstabs« vor dem allgemeinen – dem vom Erdumfang abgeleiteten Meter – wirkte stark auf die Kinder.

»Den Riesen macht das riesig Spaß,
– ein jeder hat sein eignes Maß.«
(PLISCHKE)

Wenn man versucht, den Raum schneller und mit weniger Anstrengung zu überwinden – nun wohl, man mag am neuen Orte etwas vorfinden, das wichtiger ist als die Unterwegs-Erlebnisse, um die einen die schnelle Reise gebracht hat. Aber was wird eigentlich gewonnen, wenn Zeit »vertrieben« oder gar »totgeschlagen« wird?

Zeit, von der einem jeden nur soundsoviel zugemessen ist, Zeit, die man nie zurückholen und weder kaufen noch mieten kann! Von der Zeit gilt ein sehr merkwürdiges Gesetz, das wieder mit dem »Menschenmaß« zusammenhängt. Erfüllte Zeit scheint schnell zu schwinden, bleibt aber in der Erinnerung lang und ausführlich haften als Stoff für unendliche Geschichten. Leere Zeit dagegen dehnt sich unerträglich, während sie durchlebt wird, und schnurrt in der Erinnerung zu einem Nichts zusammen, über das es dann auch weiter nichts zu erzählen gibt.

Langeweile, das ist ein Ausdruck für solche leere Zeit. Sehr klein muß ich noch gewesen sein, als meine Großmutter mir schon Ratschläge und Anweisungen gab, wie man leere Zeiten, Wartezeiten und dergleichen zu erfüllten Zeiten wandeln kann, sei es durch Beobachtungen, sei es durch den Umgang mit wesentlichen Erinnerungen, für die man sonst wenig Zeit hat, z. B. auch mit auswendig gelernten Gedichten. Sicherlich haben diese Großmuttergespräche dazu beigetragen, daß mir Langeweile bis heute fremd geblieben ist.

Zeitvertreib ist ein ebenso grauenhaftes und verdächtiges Wort wie Zerstreuung. – Wer in dieser Welt mag es sein, der daran interessiert ist, daß die Menschen die ihnen zugemessene Zeit »vertreiben«? Wer wohl versucht zu verhindern, daß Denken, Fühlen und Wollen der Menschen gesammelt und geordnet werden, und betreibt deren Zerstreuung?

KOSMOS

Ganz früh schon hat das kleine Kind Freude am Versteckspielen. Das »Guck-Guck« und »Da« mit dem versteckten und wieder auftauchenden Gesicht der Mutter oder des Geschwisterchens am Kinderwagen wird später vom Laufkindchen abgewandelt, indem es sich die Augen zuhält und meint, jetzt sei es fort. Ein Eineinhalbjähriger pflegte sich umzudrehen und dann sinnend zu fragen: »Wo ist die Mutter jetzt?«

Solche Spiele meinen den Übergang von dort nach hier, von der Geisteswelt zur Sinnenwelt, der sich jeden Morgen beim Aufwachen vollzieht. Ein Büblein, das schon im Alter von neun Monaten einige Worte sprechen konnte, hatte jeden Morgen Schwierigkeiten mit dem Wachwerden. Es pflegte eine Zeitlang vor sich hin zu jammern und zu quengeln, bis es sich aufrichtete und entschlossen sagte: »Da!« Dann war es auch wirklich da, wach und fröhlich. Die Versteckspiele der Kleinkinder sind Schlaf- und Aufwachspiele oder auch Tag- und Nachtspiele.

»Wo ist die Mutter jetzt?« spiegelt die uralte Menschheitsfrage: »Wo ist die Sonne in der Nacht?«

Der Ringelreihen und alle die vielen Tanzspiele der Kinder stammen von alten kultischen Tänzen her, in denen die Menschen früherer Zeiten ihre Verbindung zu Planeten und Gestirnen ausdrückten. Ja sogar unser Sport hat seinen Ursprung in den Sternen, wenn man es ihm auch nicht mehr ansieht. Im alten Olympia in Griechenland waren rings um das Stadion die Symbole der Tierkreissternbilder angebracht: Sonnenbahnen wurden dort durchlaufen! Vieles von dem, was an Rhythmus auf der Erde beobachtet werden kann, geht auf kosmische Rhythmen zurück – wenn auch nicht alles so auffällig wie die Jahreszeiten oder die Gezeiten des Meeres.

Über die Wirkung des Rhythmus auf Kinder schreibt Rudolf Steiner: »Im frühen Kindesalter ist insbesondere wichtig, daß solche Erziehungsmittel, wie z. B. Kinderlieder möglichst einen schönen rhythmischen Eindruck auf die Sinne machen. Weniger auf den Sinn als vielmehr auf den schönen Klang ist der Wert zu legen. Je erfrischender etwas auf Auge und Ohr wirkt, desto besser ist es. Man sollte nicht unterschätzen, was tanzende Bewegungen nach musikalischem Rhythmus für eine organbildende Kraft haben.«[2]

Der Herzschlag der Mutter ist die Schlafmusik des ungeborenen Kindes. Nachdem man herausgefunden hatte, daß auch das Neugeborene diesen vertrauten Rhythmus beruhigend empfindet, kamen schlaue Leute auf den Gedanken, ihm zur Beruhigung eine Tonbandaufnahme von Mutters Herztönen vorzuspielen. Eine Zeitlang fällt das Kind tatsächlich auf den Betrug herein, bis es schließlich doch merkt, daß niemand bei ihm ist. Man wird an das Märchen von Hänsel und Gretel erinnert: Da sitzen die Kinder allein im Wald und meinen, sie hören ihres Vaters Holzaxt schlagen – dabei ist es nur der Wind, der einen dürren Ast wider einen Baum schlägt –, bis sie schließlich merken, daß sie verlassen sind.

Liegt dagegen das Kind in der Wiege, so beruhigt es auch dieser neue Rhythmus und beweist ihm zugleich, daß jemand da ist, der es wiegt. »... Die Wiege bewegte sich nicht mehr ... Da sagte ich in die Dunkelheit: ›Steff, wieg!‹ Ich sah, wie die Hand, die flach und ruhig dalag, sich sofort bewegte, zuerst schnell und mit einem Ruck und dann langsamer. Ich wandte mein Gesicht der Hand zu und ließ sie nicht aus dem Blick. Wenn sie sich flach hinlegte und das Zimmer stillstand und zugleich mein Bett, sagte ich sofort: ›Steff, wieg!‹ Voll Zufriedenheit bemerkte ich, wie meine Worte immer wieder Wandel schafften ...«[3]

Gar bald wird aus dem Wiegenkind ein stolzer Kniereiter, der sich ein paar Jahre lang an den vielen hübschen Reiter-Verschen erfreut. Das Verslein meines Heidelberger Großvaters lautete:

»Ein alter Posthalter
von siebenzig Jahren
wollt' einst mit zwölf Schimmeln

in' Himmel 'nein fahren.
Die Schimmel, die liefen trab trab trab trab trab
und warfen den alten Posthalter herab!«

Mit seinem prachtvollen weißen Bart kam mir der geliebte Großvater selber wie so ein »Alter Posthalter« vor, ja, es schien mir, er sei es wirklich gewesen und teile nun mir, dem kleinen Mädele, in der versöhnlichen Form des Kniereiterverschens seine eigene großartig-leidvolle Erfahrung mit. *Ihn* sah ich mit wehendem Bart auf dem Bock sitzen und das ungestüme Gespann zügeln – hemdsärmelig übrigens und mit lauten Zurufen. Wenn ich mir mein damaliges Vorstellungsbild heute ins Gedächtnis rufe, so sind immer nur fünf Pferde angespannt, keinesfalls mehr als sieben. Ich war damals noch so jung, daß zwölf meine Vorstellungskraft bei weitem überstieg. Der Großvater starb, ehe ich viereinhalb Jahre alt war.

Was gab es alles nachzudenken bei diesen Gedichtlein! Auf dem Schoß der Freiburger Großmutter ritt man im Rhythmus des Sprüchleins von der »bösen roten Kuh«: »... Sie sticht, sie beißt, sie haut, sie krätzt – sie nimmt dich auf die Hörner z'letzt!« Und was hatte es wohl mit den Raben auf sich, die den in den Graben gefallenen Reiter fressen sollten? Wie verheißungsvoll klang das: »Z'Basel stoht e Schlößli«! – irgendwann würde man dieses Schlößli unversehens vor sich sehen, wenn man mit dem Vater durch Basel ging!

»So reiten die kleinen Kinderlein
Wenn sie größer werden
Reiten sie auf Pferden
Wenn sie größer wachsen
Reiten sie nach Sachsen
Wo die schönen Mädchen auf den Bäumen wachsen!«

Und wenn diese Mädchen einmal reif und zeitig waren, plumpsten sie dann einfach ins Gras, oder wurden sie vorher gepflückt?

Jahre bevor das Kind ins Märchenalter kommt, wird seine Phantasie angeregt und sein Wortschatz erweitert, weit über die Alltagssprache hinaus, durch alte und neuere Kinderstubenpoesie.

Rhythmus vermittelt der hüpfende Ball. Der Ball in seiner runden Vollkommenheit ist ein Abbild der Erde, der Sonne, aller Himmelskörper. Ein unentbehrliches Spielzeug: Vom feierlich über den Rasen gerollten Riesenball bis zu den aufgeregten kleinen Springbällen, vom weichen Stoffball des Kleinchens bis zum Fangball, den der Vater fast bis zu den Wolken wirft, und zum heftig gestoßenen Fußball – jeder vermittelt ein eigenes Stückchen dieses Weltkörperspiels.

Wer kann noch mit drei oder gar vier Bällen jonglieren? Wer besteht an der Mauer nach strengen Regeln »die Probe«, das »Zehnerlei« der Schlesier? Ein Kinderspielplatz sollte eine Mauer haben zum Ballspielen, damit diese anregende Kunst nicht ausstirbt.

Eine wirkliche Verarmung dieses Spieles bedeutet es, wenn allzufrüh nur gekickt wird und das Erlebnis des fliegenden und hüpfenden Balles zu kurz kommt.

Der Ball an der Schnur ist das Bild eines Mondes, der, von der Massenanziehung gehalten, seinen Weltkörper umkreist – übrigens, wie unser Mond, immer mit der gleichen Seite zur Mitte.

Ein »umgekehrter« Ball ist der Luftballon, dessen unausbleibliches Entweichen nach der luftigen Höhe von den Kindern mit ekstatischem Entzücken oder herzbrechendem Jammer erlebt wird – je nach Temperament.

Ganz besondere Bälle sind Seifenblasen. Vom eigenen Atem gefüllt und getragen, schweben und steigen kleine, bunte Traumwelten rings um das Kind, das sie in zauberhaftem Farbenspiel glänzen und sich wandeln sieht, bis oben der schwarze Punkt erscheint und das Wunder zerplatzt; aber neue und wieder neue entstehen im schöpferischen Atemstrom. »Schöpfungen« heißt ein Gemälde des Malers Fritz Burger, das im Kurpfälzischen Museum in Heidelberg hängt. Unter diesen »Schöpfungen« finden sich sphärische Gebilde, die durchaus Seifenblasen gleichen. Und: »Korf erfährt von einer fernen Base, einer Zauberin, die aus Kräuterschaum Planeten blase ...« (Christian Morgenstern, Galgenlieder).

Alle Kreisel, vom großen Brummer bis zu den winzigen Uhrenrädchen machen kosmische Bewegungsformen anschaulich. Ein Jammer, daß für den guten alten Tanzknopf, den mit der Peitsche getriebenen »Dopp«, kein Raum bleibt am Rande unserer Straßen! Allenfalls dort, wo Schulhöfe in der schulfreien Zeit nicht als Autoparkplätze, sondern als Kinderspielplätze zur Verfügung stehen, mag der »Triesel« noch, auf seiner Spitze tanzend, der Schwerkraft trotzen.

Auch der rollende Reif ist, wie letztlich jedes Rad, das Bild eines runden Sternensystems, das sich kreisend durch den Weltraum bewegt. Schade, daß auch dieses beglückende Spiel auf unseren Gehwegen einfach zu gefährlich ist!

Vielleicht darf man auch die Springseilspiele noch mit zu denen zählen, die etwas mit dem schwingenden, kreisenden Kosmos zu tun haben.

Welches Glück eine Schaukel zu vermitteln vermag, kann nur der ermessen, der in seiner Kinderzeit eine hohe Schaukel zur Verfügung hatte. – Fünf Meter hoch war die unsrige und, ganz abgesehen von der Körperertüchtigung, das Erlebnis des abwechselnd Schwer- und Leicht-Werdens – unvergeßlich. Auf einer hohen Schaukel gibt es einen Augenblick, wo man sogar das heute so viel besprochene Phänomen der Schwerelosigkeit spüren kann!

Die Schaukel – ebenso wie die Hängematte – ist aber auch eine »über das Babyalter hinaus verlängerte« Wiege. Wie diese wirkt sie beruhigend und harmonisierend auf in Unordnung geratene Seelchen. In die Hängematte legt sich, wer's gerade nötig hat, meint eine Mutter vieler Kinder.

Sie gehe schaukeln, gestand verschämt eine Achtzehnjährige auf die Frage der Hausgenossin, was sie in der tiefen Dämmerung noch im Hof vorhabe, bei Tag geniere sie sich vor den Nachbarn.

Man kann auch mit der Sonne selbst spielen: Lange Schatten, kurze Schatten, Schatten fangen, Sonnenvögelein versenden mit einem kleinen Spiegel, Regenbogenfarben entstehen lassen mit einem Glasprisma, oder gar mit Hilfe des Brennglases Löcher in Schulhefte brennen. Immer wieder probieren Kinder aus, wie sich das rote und blaue Sonnenlicht anfühlt, das durch bunte Fensterscheiben fällt. Eine farbige Glasscherbe zum Durchsehen kann für ein Kind ein Guckfenster ins Märchenreich bedeuten.

Die Sonne kann jedes Kind erleben. Mit Mond und Sternen wird es schon problematischer, wo es in unseren hell erleuchteten Städten niemals Nacht wird. So sollten wir wenigstens im Urlaub unsere Kinder die mondlose Sternennacht erleben lassen, ihnen Sternbilder und Planeten zeigen. Auch der Mond im Wechsel seiner Gestalten sollte ihnen vertraut sein, *bevor* sie ihn auf dem Fernsehschirm »ganz aus der Nähe« zu sehen kriegen. Eine Mondfinsternis, ein schöner feierlicher Mondring in der Winternacht sollten uns veranlassen, ein Kind auch mal nachts aus dem Bettchen zu holen, auf die Gefahr hin, daß das Erlebnis ins Unbewußte versinkt; es wurde doch erlebt und hilft unserem Kind, sich den Kosmos vertraut zu machen.

»Einmal weckte mich die Mutter nachts und trug mich auf die Straße hinab. Da standen Leute beisammen, murmelten untereinander und betrachteten den Himmel. Eine Hand drehte meinen Kopf in die Richtung, nach welcher alle blickten, und eine Stimme sagte: ›Siehst du den Kometen?‹ Die Erscheinung drängte sich so schimmernd auf, daß ich sie nicht übersehen konnte. Ein langer Bogen von weißem Licht stand mitten in der Nachtschwärze über dem Dorf. Das geduldige Harren und Starren der Menschen, ihr fast ängstliches Flüstern, das einsam-ferne Verweilen des gekrümmten Glanzes, dies alles prägte sich für immer ein, ergriff mich aber später in der Erinnerung viel stärker als in jener Nacht. Kaum drei Jahre alt, war ich weder für Furcht noch für Entzücken genug entfaltet, ich saß am Arm der Mutter und spürte durch sie hindurch den sicheren Gang der Welt.«[4]

Daß ein Regenbogen gebührend bewundert und gefeiert werden muß, braucht man kaum anzuregen. Aber es überlege sich jeder, was er hinterher antworten soll auf die unausbleibliche Kinderfrage: »Wo ist der Regenbogen jetzt?« Eine optische Erklärung ist nicht die geeignete Antwort für kleine Kinder.

Die vielen schönen Lieder von Sonne, Mond und Sternen sollten jedes Kinderleben begleiten.

DIE VIER ELEMENTE

»Heil dem Wasser! Heil dem Feuer!
Heil dem seltnen Abenteuer!
Heil den mildgewogenen Lüften!
Heil geheimnisreichen Grüften!
Hochgefeiert seid allhier,
Element' ihr alle vier!«
(GOETHE, Faust II, Klass. Walpurgisnacht)

»Heute haben sie die Elemente genossen!« sagten die beiden Mütter am Ende eines langen Sonntags befriedigt zueinander: Auf einem Stein im Bach hatte das Lagerfeuer gebrannt, und vier Buben hatten zwischen Feuer, Bach und Felsen ihre Spiele getrieben.

Im Spiel mit den vier Elementen, Erde, Wasser, Luft und Feuer, ergreift das Kind zuerst die uralte Menschheitsaufgabe, den Auftrag des Schöpfers: »Machet euch die Erde untertan!«

Das Erdelement begegnet dem Kind oft zuerst in der Form von Sand:

»Das Schönste für Kinder ist Sand,
Ihn gibt's immer reichlich,

Er rinnt unvergleichlich
Zärtlich durch die Hand...« (RINGELNATZ)

Welch eine Herrlichkeit sind doch die Sandberge mit ihren Tunnels, die sich später zu Burgen, Klickerbahnen, Gärten und Siedlungen entwickeln, die Sandküchlein – und immer wieder das Staunen: trockener Sand rieselt, feuchter Sand steht, nasser Sand fließt.

Leider gibt es »ihn« nicht überall »reichlich«. Um so größer ist dann das Entzücken, endlich einmal einen richtigen Sandstrand zu erleben. Manche Kinder nehmen Sandbäder wie die Hühner. Einmal hatte ich einen fast Dreijährigen zu Gast, der seine Staubbäder in der schwarzen Kesselasche zu nehmen pflegte, mit der ein naher Weg bestreut war – nun ja, nicht jeder hat eben Sand. Manche haben statt dessen Lehm. Da gibt es weder Burgen noch Tunnels. Statt der Küchlein werden Brezeln und Brote an der Sonne steinhart gedörrt. Schließlich führt das Spielen mit Lehm und Ton zum Plastizieren.

Steine stellen die wachsenden Kräfte auf die Probe und bergen je nach Größe verschiedene Gefahren.

Das erste Element, mit dem gespielt wird, ist jedoch das Wasser. Eine besonders frühe Erinnerung an das Spiel mit dem Wasser schildert Stefan Andres in dem schon zitierten autobiographischen Buch »Der Knabe im Brunnen«. Da er in einer Mühle aufwuchs, hatte er besonders viel Gelegenheit, mit Wasser in Berührung zu kommen: »Ich liebte das Wasser hinter dem niedrigen Sandsteinmäuerchen. Ohne mich ihm ganz zu überlassen, nämlich hineinzusteigen, konnte ich es mit meinen Händen und Armen ganz anrühren. Ich stand dann über den weichen Stein der Umfassung gelehnt, die Ärmel meines Röckchens hochgekrempelt, so gut ich es vermochte, und quirlte mit den Armen in dem vielen Wasser...

Das Spiel bestand einfach darin, die Arme in dem Wasser herumzurühren. Ich suchte es mit beiden Armen zu packen und festzuhalten, aber es schwappte weg. Man spürte wohl die Schwere, aber nur einen Augenblick, dann hingen nur noch ein paar Tropfen an den Händen. Und von neuem begann das Spiel. Das Gefühl, den glatten Wasserleib in den Armen zu haben, die bis zum Schmerzen kühl und steif und rot wurden, war mir sehr angenehm. Und das Licht auf dem Wasser, der Himmel, der in Stücke zerbrach, und plötzlich der Teil eines Gesichts, das zerschwankte und zerfloß... es gab da Augenblicke des Erschreckens, der Wonne, und der Zustand der reinen Wollust war wieder da: Das Wasser war glatt, kühl, es bewegte sich so schön und hielt mich fest, bis ich einen Schlag auf dem Gesäß spürte und eine Hand mir von hinten ins Genick griff und mich fortschleppte, nach Hause. Das Wasser hatte sich nach und nach meiner ganzen kleinen Person bemächtigt, und es war ein Wunder, daß ich nicht immerzu den Schnupfen hatte.«

Solche Urerlebnisse mischen sich zuweilen auch später noch in die Spiele mit dem Wasserelement – Spiele mit Gießkännchen, Schwimmtieren, Schiffchen aller Art – aus Papier, Rinde, Holz, Plastik, aus Nußschalen mit kleinen Flämmchen drin! Die letzteren dienen als »Brander« zwischen den Papierbooten bei Wasserschlachten, die in jedem Gießwasserfaß ausgetragen werden können! Wenn derlei die Jahreszeit draußen nicht erlaubt, werden die Schiffchen auf imaginäres Wasser gesetzt. Ich kenne Kinder, die pflegten zu sagen: »Mami, gib uns den Main!« Darauf entrollte die Mutter auf dem Stubenboden eine Rolle blaues Kreppapier, und alsbald wurden Schiffchen herbeigeholt und neue gefaltet, und das Spiel war im Gang.

Wenn flache Kiesel über die Wasserfläche geschleudert werden, daß sie hüpfen – o wie oft! –, da gehen Naturgesetze in Fleisch und Blut über, und in der Physik später braucht längst Angewandtes nur noch verstanden zu werden.

So ist es auch, wenn man den eigenen Leib dem nassen Element anvertraut, sei es schwimmend oder im strömenden Wasser watend, sei es auf Floß, Luftmatratze oder Boot.

Auch das gefrorene Wasser lockt als Eis und Schnee zu Spielen. Die dünnste Schneedecke erlaubt schon, eine »Schlitterbahn« oder »Schleife« diagonal über den ganzen Schulhof zu ziehen. Mehr Schnee bringt Schneeballen und Schlittenbahnen – schön, wenn Straßen zum Rodeln freigegeben und für den Verkehr gesperrt werden können. Nasser Schnee läßt sich rollen, zu Schneemännern und den so sehr brauchbaren Schneehütten verbauen. Gut gebaut und gründlich durchgefroren, steht ein solches Schneehaus zuweilen noch aufrecht, wenn auch dünnwandig, mitten in der grünen Frühlingswiese da.

Wer so viel Schnee hat, daß er vor der Haustür schon die Ski anschnallen kann, der hat's eben gut! In anderen Gegenden stehen große Eisflächen zur Verfügung, auf denen auch allerhand anzufangen ist!

Schlamm und Sumpf bilden den Übergang zwischen Wasser und Erde und wirken auf Kinder ganz besonders anziehend. Glücklicherweise gibt es heutzutage Gummistiefel, pflegeleichte Kleidung und – Waschmaschinen, so daß wir Mütter uns nicht anzustellen brauchen, als ob etwas Unerhörtes auf uns zukäme, wenn wiedermal so kleine Schlammengelchen aus der »Bebbermumbe« (Sachsen) heimkommen.

Meine Nachbarin und ich lachen heute noch, wenn wir an den Novembertag denken, an dem vier unserer Kinder unentwegt über ein lehmiges Brett in das Lehmwasser der Baugrube rutschten. Die vier »Ferkel« wurden – mühsam genug – eingefangen, ausgezogen, gereinigt, ins Bett gesteckt, und es hat sich keines erkältet.

Die folgende Geschichte über ein Spiel mit dem Luftelement stand vor Jahren in Reader's Digest.[5]

»›Mehr Schnur!‹ schrie mein Bruder und polterte in die Küche. ›Wir brauchen viel mehr Schnüre.‹

Bau einer Schneehütte

Wir bauen aus Schneewalzen, wie man sie für den Schneemann rollt; oder wir formen die Bauelemente wie Sandküchlein in einem kleinen Plastikeimer oder in einer konischen, gewachsten Holzform.

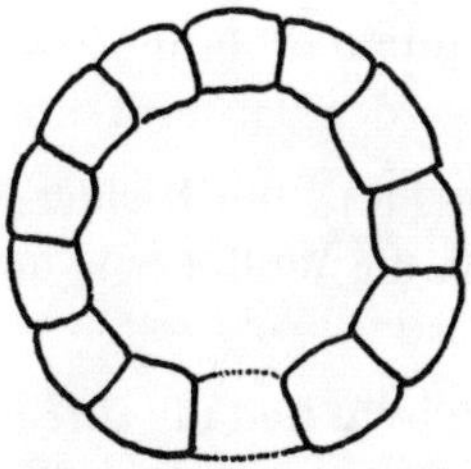

1 Der Grundriß ist rund und der Durchmesser innen etwa ein Meter. Je größer, desto schwieriger wird das Bauen!

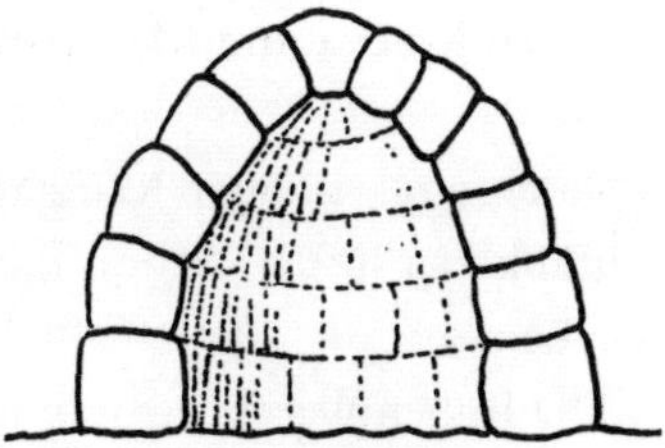

2 Im Längsschnitt wirkt unsere Schneehütte höher als das Iglu der Eskimos. Der Eingang wird erst eingeschnitten, wenn man von außen nicht mehr recht beikommt.

3 Hier wird der Schlußstein dem Gewölbe eingepaßt.

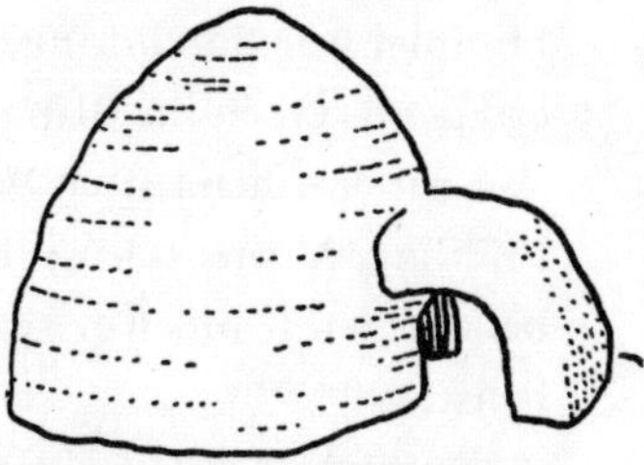

4 Zuletzt wird das Schneehüttchen geglättet, verputzt und ein Einschlupftunnel angemauert. Man kann sogar ein kleines Eisfenster einsetzen.

Es war Samstag und wie immer eine Menge zu tun. Das ›Sechs Tage sollst du arbeiten und alle deine Dinge beschicken‹ wurde damals ernst genommen.

Unser Vater und Mr. Patrick, der Nachbar, waren draußen an der Arbeit. Im Innern der beiden Häuser steckten Mutter und Mrs. Patrick mitten im Frühjahrsputz.

Solch ein windiger Märztag war ideal, um Kleiderschränke zu lüften. Schon flatterten die Wollsachen an der Leine.

Die Buben waren irgendwie entwischt und mit ihren Drachen auf die Wiese geflüchtet. Nun hatten sie den Bruder um mehr Schnur geschickt – auf die Gefahr hin, daß er geschnappt und zum Teppichklopfen verurteilt würde. Heute schien es keine Grenze zu geben für die Höhe, die ein Drachen erreichen konnte.

Meine Mutter warf einen Blick aus dem Fenster: Der Himmel war durchdringend blau, der Wind frisch und erregend. Oben im Blau segelten weiße Wolkenkissen. Wir hatten einen harten Winter gehabt – aber heute war Frühling. Mutter schaute ins Wohnzimmer, wo die Möbel von den Wänden gerückt waren, und wieder aus dem Fenster.

›Kommt, ihr Mädchen, wir bringen den Buben selber die Schnur und schauen ihnen ein bißchen beim Drachensteigen zu!‹ Unterwegs trafen wir die schuldbewußt lächelnde Mrs. Patrick mit ihren Töchtern. Einen solchen unvergleichlichen Drachentag macht der liebe Gott in jedem Jahrhundert nur einmal! Die Drachen bekamen alle Schnur, die wir mitgebracht hatten, und sie stiegen immer noch. Wir konnten die winzigen orangefarbigen Flecken kaum erkennen. Ab und zu holten wir einen langsam herunter, bis er wippend und zerrend zur Erde kam – nur um der Freude willen, ihn wieder hinaufzuschicken. Wie erregend, mit der Schnur nach rechts und links zu laufen und erst Minuten später unsere armen erdgebundenen Bewegungen im feierlichen Himmelstanz der Drachen widergespiegelt zu sehen! Wir schrieben Wünsche auf Zettel, die wir über die Drachenschnur streiften. Langsam, unaufhaltsam kletterten sie, bis sie die Drachen erreichten. Sicherlich würden solche Wünsche erfüllt werden! Sogar unsere Väter ließen Hammer und Hacke los und gesellten sich zu uns. Die Mütter kamen an die Reihe und lachten wie Schulmädchen. – In unseren Spaß mischte sich ein Staunen: Die Erwachsenen spielten richtig mit uns. Ich schaute meine Mutter an, die sah ja tatsächlich hübsch aus, und dabei war sie doch über 40!

Niemand konnte sagen, wo damals die Stunden blieben. Es gab keine Stunden, nur ein goldenes, winddurchwehtes Jetzt. Wir waren wohl alle ein wenig außer uns. Eltern vergaßen Pflicht und Würde. Kinder vergaßen allen Zank. ›Vielleicht ist es *so* im Himmel‹, dachte ich verwirrt.

Erst als es dunkel wurde, stolperten wir schläfrig nach Hause, berauscht von Luft und Sonne. Vermutlich gab es was zu essen, wahrscheinlich wurde noch oberflächlich aufgeräumt, denn am Sonntag sah das Haus ganz ordentlich aus.

Aber seltsam: niemand erwähnte nachher diesen Tag. Ich nahm an, keines der andern habe ihn so von Grund aus genossen wie ich. So verschloß ich die Erinnerung ganz tief innen, dort bei den Dingen, ›die gar nicht sein können und dennoch waren‹.

Jahre vergingen, da schusselte ich in meiner Küche in der Stadt hin und her und versuchte, mit einer Arbeit fertig zu werden, während mein Töchterchen an mir zog und lautstark forderte: ›Park gehen, Enten gucken‹. ›Ich kann nicht gehen‹, sagte ich, ›ich muß erst noch das tun und das, und wenn das fertig ist, dann bin ich zu müde zum Gehen.‹

Da sagte meine Mutter, die gerade zu Besuch war: ›Es ist so ein schöner Tag, sonnig, und es geht so ein frischer Wind – fast wie damals, als wir die Drachen steigen ließen.‹

Mitten im Lauf zwischen Abwasch und Herd blieb ich stehen und streifte die Schürze ab. – ›Komm‹, sagte ich zu meinem Kind, ›einen so schönen Tag darf man nicht auslassen!‹

Zehn Jahre später saßen wir zwei Familien den ganzen Abend beisammen und hörten dem jüngsten Patrick-Sohn zu, der aus der Kriegsgefangenschaft heimgekehrt war.

Er hatte freimütig berichtet – aber dann hatte er lange

schweigend gesessen. Was mochte ihm eingefallen sein, welche furchtbaren, dunklen Dinge? ›Sagt mal‹, und er lächelte dabei. ›Erinnert ihr euch – aber wohl kaum –, wahrscheinlich hat es euch nicht den unauslöschlichen Eindruck gemacht wie mir.‹

Ich wagte kaum zu fragen: ›Erinnern – woran?‹ ›Ich hab viel an jenen Tag gedacht im Gefangenenlager, immer dann, wenn es uns – nicht allzu gut ging. Erinnert ihr euch an den Tag, als wir die Drachen steigen ließen?‹

Der Winter kam, und ich hatte die traurige Pflicht, der jüngst verwitweten Mrs. Patrick einen Beileidsbesuch zu machen. Vor dieser Pflicht graute mir!

Wir hatten eine Weile gesprochen von meiner Familie, von ihren Enkeln, von den Veränderungen in der Stadt. Dann verstummte Mrs. Patrick und sah vor sich nieder. – Ich räusperte mich, jetzt mußte ich von ihrem Verlust anfangen – und dann würde sie in Tränen ausbrechen. Als sie aufsah, lächelte Mrs. Patrick. ›Da sitz ich nun und denke – Henry war so fröhlich an jenem Tag. Frances, weißt du noch, der Tag, als wir die Drachen steigen ließen!‹ «

Ganz abgesehen von der prachtvollen Schilderung eines Spiels mit dem Luftelement, zeigt diese vorzügliche Geschichte, wie ein solcher dem scheinbar nutzlosen Spiel zum Opfer gebrachter Frühjahrsputztag sich als Lebenshilfe auf Jahrzehnte hinaus auswirken kann.

Wenn es um das Erspielen des Luftelements geht, sind Stadtkinder wiederum im Nachteil.

Aber gerade ihnen muß man die Gelegenheit schaffen, die Gewalt des Windes an ihrer eigenen Kraft zu messen. Man muß sie an windigen Tagen auf Wege führen, wo es nichts schadet, wenn das Kind in seinem Regencape ein Stück feldein geweht wird wie ein Blättchen. Fähnchen und Windrädchen erhöhen den Spaß.

Den Drachen sind hierzulande leider sehr wohl Grenzen gesetzt. Elektrische Leitungen werden ihnen zur Falle; und vielerorts verlangt die Flugsicherung eine drastische Verkürzung der Drachenschnur. Dennoch schweben und kurven sie – selbstgebaute oder gekaufte – immer noch knatternd am blauen Herbsthimmel.

Einmal hatte ich die Freude, einen Drachenwettbewerb zwischen einem Baseler Robinson-Platz und dem Spiel- und Werkplatz Lörrach zu erleben. Die Baseler hatten von ihrem auf dem Spielplatz selbstgebackenen Brot mitgebracht. Die Lörracher schenkten selbstgekelterten Süßmost aus – angewärmt, wegen des frischen Herbstwetters. In jenem ganzen gesegneten Obstherbst wurde fast täglich auf dem Spiel- und Werkplatz geschenktes Obst vermostet und ausgeschenkt. Die Drachen konnten sich sehen lassen: Rhomben, Quadrate, Achtecke und Sterne, auch Kastenformen. Lediglich die Schwänze zeigten nur noch zum kleinsten Teil die liebevolle Ausstattung mit dichten Fransen oder zierlichen Doppelfächern, wie ich sie schon als Kind zu bewundern pflegte. Meistens schlängelte sich nur ein langes einfaches Band hinterher. Ein gerippeloses kleines Packpapierdrächelein errang einen Sonderpreis für problemloses sicheres Starten.

Zu Hause können Fallschirmchen aus Seidenpapier – am schönsten aus den echten japanischen Papierservietten! – vom Balkon herabschweben. Propellerfrüchte von Ahorn und Fichte bringen wir von einem Ausflug mit oder auch aus dem Stadtpark.

Allerhand Gleitflugzeuge werden gebaut und die so beliebten Schwalben aus Papier gefaltet. Welcher meiner Söhne erzählte mir doch, wie man solche Schwalben, mit winzigen Knallkörpern – »Mickefirz« genannt – versehen, in die Fenster feindlicher Klassenzimmer gleiten ließ?

Wer kennt die Montgolfiere, den Heißluftballon? Birnenförmig, aus Seidenpapier geklebt, mit einem spiritusgetränkten Wattebausch angeheizt, entschwebt sie lautlos und feierlich. Eltern können mit einem solchen Ballonaufstieg ein Kinderfest krönen.

Auf einigen Robinson-Plätzen in der Schweiz steht die Kunst des Montgolfierenbaus in einer neuen Blüte. Aus »Flaschenseide«, dem leichten Seidenpapier, in das der Kaufmann die Weinflaschen einzuwickeln pflegt, sind die Ballone geklebt. Ein paraffingetränkter Holzwolleball dient als Heizkörper. Bei einem Weitflugwettbewerb habe man – neben der traditionellen Birnenform – Heißluftballone in den bizarrsten Gestalten bewundern können. Mein Gewährsmann hob besonders eine fast mannshohe Menschenhand hervor, die sich – mit Daumen und allen Fingern – leise schwankend in die Luft erhob. Daß die Polizei dieses herrliche Spiel mit Luft und Feuer nicht schleunigst verboten hat, muß lobend erwähnt werden. Ein Problem ergab sich nur bei der Bewertung der Flugweiten: Ein Ballon war auf dem Dach eines fahrenden Eisenbahnzuges gelandet und erst irgendwo weit, weit weg heruntergeholt worden, von wo aus dann die Begleitkarte zurückgeschickt wurde.

Die Kraft der aufsteigenden warmen Luft ist es auch, die die Ofenschlange bewegt. Dieses geheimnisvolle Wesen, spiralförmig aus einem Heftdeckel geschnitten, an der Spitze einer Stricknadel, die in einer halben Kartoffel steckt, befestigt, dreht und dreht und dreht sich schlängelnd auf dem Ofen oder Heizkörper – wie die von Kerzenflammen angetriebene erzgebirgische Weihnachtspyramide.

Wie wenige lebendige Flammen bekommen doch unsere Stadtkinder zu sehen, wo selbst der Christbaum oft mit elektrischen Kerzensurrogaten versehen ist! Und wie wunderbar sind doch Flammen!

Stefan Andres schreibt in »Der Knabe im Brunnen«: »In der Futterküche stand der Vater vor dem Backofen und schob die duftenden Buchenscheite hinein. Ich stand daneben und betrachtete das Spiel der Flammen. Auf den Scheiten ritten die Flammenmännchen hin und her, fuchtelten mit den Händen, sprangen, reckten sich für einen Augenblick steil auf und tanzten. Die Flammen wollten nicht mehr länger allein tanzen, eine sprang in die andere hinein, machte sie größer und wurde dadurch selber noch heller und noch höher. Hernach war keine Flamme länger als einen Atemzug mehr sie selber. Sie verwandelten sich immerzu, sprangen fort in den Stein und sangen dabei ein leises, zischelndes Lied. Die Scheite aber lagen sehr lange regungslos da, wie Vater sie hingebaut hatte. Schließlich wurden sie zuerst an ihrem oberen Rand schwarz, dort wo die Flammen tanzten. Und dann sprangen sie plötzlich mit einem leisen Knacken in der Mitte entzwei. So entstanden allerlei wilde Gestalten und furchtbare Fratzen, Wesen, die wohl im Holz eingeschlossen sein mußten, doch erst vom Feuer aus ihm herausgelockt wurden. Schließlich wurden die Flammen müde und gingen fort. Aber wo gingen sie hin? Das fragte ich Vater, der ebenfalls unaufhörlich in den offenstehenden Backofen schaute. ›Die Flammen?‹ ›Ja, eben waren sie doch noch da!‹

›Ja, wo gehn sie hin? Sie gehn aus, so sagt man!‹ Vater schüttelte den Kopf. ›Da kannste ja auch fragen, wo hernach dat Holz is. Et is ja auch net mehr da!‹ «

Aber nicht der bäuerliche Umkreis ist es, wo die Feuerspiele die große Rolle spielen, erst recht nicht das Innere der Städte. Die Feuerspiele leben am Stadtrand auf wüstem Gelände zwischen Trümmern, Bergehalden (Abraumhalden der Bergwerke) und Müllkippen. Dort lodern immer wieder Flämmchen auf. In alte Blechdosen werden Löcher geschlagen, trockene Hölzchen eingefüllt, angezündet und die Dosen an langen Drähten geschwungen. »Schlenkerdippsche« nennen im Saarland die Kinder dieses Feuerspiel.

Ein Dutzend Buben ziehen einer hinter dem andern in der tiefen Dämmerung über die Bergehalde, jeder trägt in der Hand ein brennendes Stück Förderband als Fackel: Ein wildwüchsiges Gegenstück zu den Martinszügen mit Lampions und bunten Laternen, die sich mehr und mehr über das Rheinland hinaus durchsetzen. Kinderfeste im Herbst können abends mit einem Lampionzug enden. Ein besonders begabter Drachenbauer ließ einen großen Drachen in der Nacht mit einem runden gelben Lampion aufsteigen – ein feierlicher Anblick!

Aus meiner eigenen Kinderzeit weiß ich einen Weihnachtsabend, an dem ich – etwa dreieinhalbjährig – mit meinem Schwesterchen im Kinderzimmer spielte, beide schon gebadet und mit weißen Festtagsschürzchen angetan.

Da endeckte ich eine bisher unbekannte Schublade voll feinstem, weichem grauen Sand. Heiß, wie ein Versäumnis, fiel es mir aufs Herz, welchen Schatz wir da bisher ungenutzt hatten liegenlassen – und mit eifrigen Händchen verstreuten wir die Herrlichkeit in unserem Kinderzimmer. Später, nach der Weihnachtsbescherung, mußte ich zusehen, wie meine arme, todmüde Mutter das Kinderzimmer wieder putzte. – Seither weiß ich, was Asche ist. Wir waren an die Ofenlade geraten!

Im Zeitalter der Ölheizungen kann so etwas nicht geschehen, aber zu mir kam zuweilen ein kleiner Junge auf Besuch, der, bevor er zur Schule kam, im Winter stets feierlich dem Feuer in meinem Ofen guten Tag sagte. Zu Hause sieht er selten eine Flamme, da alles elektrisch eingerichtet ist und nicht einmal der Vati raucht.

Wie wunderbar ist doch so ein Winterausflug durch knarrenden Schnee, wenn dann ein Gitter von dürren Zweigen auf den Schnee gelegt wird – ein rotloderndes Feuer – ein summender Pott mit Tee – am Spieß gebratene Äpfel – solche Erlebnisse können Väter ihren Kindern auch heutzutage verschaffen.

Manche Kinder haben ein ganz leidenschaftliches Verhältnis zum Feuer: Sie sind immer im Besitz von Streichhölzern, sie zündeln einfach *überall:* im Garten, im Schulhof, im Zimmer, und man lebt in dauernder Feuersangst. »Ständige Aufsicht« ist unter Umständen einfach nicht durchführbar, Verbot und Strafe ohne Wirkung.

Wo oft genug *mit* den Erwachsenen zusammen ein Feuer gemacht wird, läßt sich das Verbot des Feuermachens ohne den Erwachsenen eher durchführen. Da wird auch die Gefahr des Feuers eher begriffen und der Umgang mit ihm erlernt. Gerade wer versucht, seine Kinder mit wenig Geboten und Verboten zu erziehen, sollte ihnen immer wieder die *Grundregel* einprägen:

Es gibt nichts Schlimmes, Entsetzliches oder Beschämliches, was einem Kind zustoßen kann, das nicht noch schlimmer, entsetzlicher und beschämlicher würde, wenn man es den Eltern verschweigt.

Was die Anwendung auf das Feuer betrifft, so pflegte ich die Geschichte eines Bekannten zu erzählen, dessen achtjähriger Sohn eines Sonntagnachmittags zu seinem Vater gerannt kam, er habe mit Kameraden an dem kleinen Schuppen hinter der Scheune des Bauern, wo sie wohnten, ein Feuer gemacht, und nun brenne der Schuppen! Der Vater konnte den Bauern rufen; mit Hilfe einiger Spaziergänger wurde eine Eimerkette gebildet und der Brand gelöscht, ehe er die Scheuer mit der ganzen Ernte des Jahres ergriffen hatte. Dann erst vermißten die Eltern ihren Sohn. Spät abends kam der kleine Brandstifter voller Angst und Reue nach Hause geschlichen und wurde von seinem Vater – *gelobt!* Eine solche Geschichte – immer wieder erzählt – wirkt nachhaltiger als viele Ermahnungen.

Noch etwas ist heutzutage zu bedenken: So praktisch und pflegeleicht die Kinderkleider aus Nylon, Dralon, Helanca etc. sind, am Feuer bilden sie eine schwere Gefahr. Brennende Baumwolle fliegt als leichte Asche weg, Wolle ist schwer entflammbar und erlischt schnell, aber brennende Kunstfasern fressen sich als zäher, brodelnder Feuerbrei tief ins Fleisch ein.

Dennoch: ein Feuer anzünden, es unter Kontrolle halten und es sorgsam wieder löschen – das sind Erfahrungen, auf die jedes Kind ein Recht hat; man soll sie ihm nicht vorenthalten! Es braucht sie zu seiner harmonischen Entwicklung.

Ähnlich wie das Biogenetische Grundgesetz, wonach

jedes Lebewesen, ob Mensch, ob Tier, in seiner Embryonalentwicklung eine kurze Zusammenfassung der Entwicklung seiner Gattung – vom Einzeller herauf – darlebt, so ähnlich gibt es auch das »Psychogenetische Gesetz«, welches besagt, daß im geistigen Bereich etwas Vergleichbares gilt und daß jedes Kind im Laufe seiner Entwicklung primitive Kulturstufen der Menschheit wiederholt oder doch andeutet.

Über das Sudeln am Brunnentrog, über Papierschwalben und Experimente am Lagerfeuer führt der gesunde und menschenwürdige Weg zur modernen Technik.

Wer seinen Kindern zu früh perfektioniertes technisches Spielzeug gibt, lähmt die technische Phantasie, die allein den Fortschritt bringt.

Wer noch keinen Nagel einschlagen und herausziehen kann, noch kein Brett absägen – was braucht der eine elektrische Eisenbahn?! Er wird zwar deren Handhabung bald lernen, aber niemals neue Ideen entwickeln, niemals lernen, einen Schaden durch eine improvisierte Konstruktion zu beheben, bis das vorgefertigte Ersatzteil zur Verfügung steht.

Ein achtjähriger Knabe, der lauter technisches Spielzeug hatte, war eines Tages in einem fremden Hof zu Besuch, und das etwa 1,20 m hohe Hoftor wurde abgeschlossen, um einen Zweijährigen von der Autostraße fernzuhalten. Als seine Eltern ihn holen wollten, brach der Achtjährige in Tränen aus: Er sei eingesperrt! – Es war ihm nicht der Gedanke gekommen, über das Tor zu klettern.

Ein anderer Junge zerlegte jedes technische Spielzeug sofort und spielte stattdessen mit Puppen und Tierchen und gebrauchte Nägel, Hammer und Säge. Als er neun Jahre alt war, kamen die Eltern dahinter, daß der Sohn in Großvaters Keller elektrische Leitungen verlegt hatte – tadellos. Sie schenkten dem Jungen daraufhin einen Spannungsprüfer, und seit der Zeit legt man in befreundeten Häusern, wo der inzwischen Herangewachsene zu Besuch erwartet wird, Dinge zum Reparieren bereit.

TIERE UND PFLANZEN

Wenn wir sagen: Kinderparadies – was für ein Bild beschwören wir da?

Einen Garten mit einer großen Wiese, mit Kletterbaum, singenden Vögeln und Blumen, groß wie Gesichter und klein wie für Zwerge? Einen Seestrand mit Sand und Muscheln, Seetang und Krebsen, Quallen und Seesternen? Einen Bauernhof mit allerlei Vieh, mit Kätzchen und Küken? Ein Teichufer mit Schilf und Fröschen? Es ist bezeichnend für ein Paradies, daß der Mensch nicht als einziges Lebewesen darin wohnt – und so gehören zu einem rechten Kinderparadies auch Tiere oder Pflanzen oder beides. Was ein Kind in seinem Kinderparadies erlebt und treibt, reicht vom traumhaften Eintauchen in das Weben der Natur bis zu eifriger Tätigkeit oder ausschweifendem Phantasiespiel.

Das erste schildert Hans Carossa[4]: »Es kamen Stunden, da war es meine Lust, mich auf der Weide zwischen den läutenden Rindern umherzutreiben, ihnen in die Augen zu schauen, ihr mächtig-behagliches Schnauben zu spüren und mich an die schweren warmen Leiber zu drängen, mit Gefahr, daß Hörner und Klauen mich beschädigten. Doch versetzte mich die Tiergegenwart immer in ein sinnlos-trauervolles Erwarten, wie ich es unter Menschen nie empfand. Ich gab acht, ob sich an anderen Kindern etwas Ähnliches zeige, entdeckte aber nichts und glaubte mich mit meinem Fühlen allein in der Welt. Kamen mir in solchen Augenblicken Vater und Mutter, Lehren und Gebete in den Sinn, so wies ich dergleichen Erinnerungen als unerträglich fremd zurück, als wollte ich im Bann der Kreatur selber nur Kreatur sein und aus dem unschuldig-trüben Grunde der Tierschaft nicht erlöst werden, bis ich endlich mit einer Art Schrecken aufsprang und heimlief, sehr froh, wieder im Nüchtern-Menschlichen aufzutauchen.«

Der Vater der modernen Staudengärten, Karl Foerster, schreibt in dem Buch »Garten als Zauberschlüssel«[6]: »Wenn drei Brüder sich auf ihre Art im Garten beschäftigen, kann dies schon ein Abbild dreier Zukunftsentwicklungen in sich tragen. Mein Bruder, der Schiffbauer und Techniker, säte in seinem Garten immer gern Sachen, die mit recht viel technischer Wunderentfaltung aus dem Boden brachen, oder er spielte am Wasserbekken mit Schiffen. Wenn der Boden über den Keimen platzte, wühlte er schon neugierig. Der andere Bruder, der ein Denker wurde, horstete lesend in seinem Fliederbaumnest. Ich schleppte, sechsjährig, Gießkannen daran vorbei für meinen Blumengarten, in dem ich besonders für reine und blitzende Farbenwirkungen zu haben war; ein Bruder imponierte dem andern durch seine kleinen

Gartenveranstaltungen: So etwa durch ein mächtiges Resedabeet; die Schätzung des Duftes dieser unscheinbaren Blume rückte den Beetverfasser zu den Erwachsenen hin.

Die Schwester und der Schwertlilientrupp ihres Gärtchens wurden untrennbar für unser Gefühl; eine Prachtblüte wurde ihr abgerissen und irgendwo noch frisch aufgefunden. Mitten in die Entrüstung hinein malte die Mutter die Blume noch schnell für die Schwester – dies verklärte die Angelegenheit.

Die unbeschreiblich heitere, tägliche Mitfreude der Mutter an unserem Gartenglück, auch an allem Glück über kleine mit Inhabernamen versehene Gartenschuppen und Geräte, hätte uns kaum in einer anderen Sphäre als gerade im Gartenleben so fühlbar werden können.

Es weht vom frühen Gartenleben mit der Mutter über ein halbes Menschenalter hinweg noch ein Hauch voller Paradiesesglanz durch das Geschwisterleben hin.«

Der amerikanische Journalist und Denker Lincoln Steffens schreibt in »Ritt ins Leben«[7]: »Vater und Mutter und andere hatten sich stets gewundert, warum ich mich so oft am Flußbett des American River aufhielt, einem ärmlichen Fleck Erde, wo nie jemand anderes zu finden war.

Warum nicht durch die Straßen oder über die schönen Landwege reiten? Ich konnte es ihnen nicht erklären. Das Flußbett bestand aus nichts als Kies und Sand, der von den Frühlingsfluten aufgewühlt und dann nur von armseligen und verschlammten Sträuchern und Bäumen bedeckt war. Ich wußte, wie sehr es mich am ersten Tag enttäuscht hatte, als ich auf meinem neugeschenkten Pony hinritt. Doch seitdem hatte ich das leere Flußbett mit den Indianern, Türken, Bibern und wilden Tieren meiner Phantasie gefüllt und es zu einem wundervollen Schauplatz von Erlebnissen und Abenteuern umgestaltet. Das konnte ich doch nicht jedem ersten besten erzählen!«

Manchmal mag ein Kinderparadies dem Erwachsenen befremdend vorkommen. Ich habe selber gesehen, mit welcher ungetrübten Seligkeit zwei kleine Kinder und zwei junge Katzen gemeinsam einen langen herrlichen Sommernachmittag hindurch mit den toten Mäusen spielten, die die Katzenmutter unermüdlich herbeischleppte.

Das Spiel wiederholte sich an den folgenden Tagen nicht. So blieb uns erspart, den Kindern schon damals bewußtzumachen, daß tote Tiere kein Spielzeug für Menschen sein sollten. Sie waren ganz an ehrfürchtigen Umgang mit lebenden Wesen gewohnt.

Von da ist es freilich noch weit zu dem »Hasenschartenkind, das biß, wenn's bitte sagen sollt'«, aus Franz Josef Degenhardts Protestsong vom »Väterchen Franz«: »Und das Kind baute den Ratten eine richt'ge Rattenstadt...«

Und doch ist auch hier eine – die einzige unter den im Chanson geschilderten Lebensumständen des »Aussatzes« mögliche – geschwisterlich-freundliche Begegnung mit Mitgeschöpfen gemeint.

In einer ländlichen, oder doch nicht so ganz »durchzivilisierten« Umgebung finden trauliche Begegnungen der Kinder mit Tieren und Pflanzen fast ohne unser Zutun in den verschiedensten Formen statt. Festliche Steigerungen und Höhepunkte solcher Erlebnisse können mit geringer Mühe geschaffen oder ermöglicht werden.

Für das Stadtkind jedoch muß die Gelegenheit zu derlei Begegnungen mit Überlegung herbeigeführt werden, damit es nicht seiner Lebtag ein Fremdling bleibt in der Natur. Ferien auf dem Lande, Fußwanderungen mit gut gewählten Rastplätzen können schon vieles ausgleichen.

Gewisse Erfahrungen aber sollte jedes Kind selbst gemacht haben: Einige Lebensräume muß man als Kind ausgiebig erlebt und in sich aufgenommen haben, damit man später an anderen Orten unter ungewohnten Bedingungen das wimmelnde Leben bemerkt, das man sonst übersehen würde.

Kinder sollen nicht nur im sterilen Sand wühlen; das Graben im belebten Mutterboden führt zu Begegnungen mit Würmern, Insekten, Tausendfüßlern und wunderbar rotleuchtenden Erdspinnen.

Wer die flachen Steine in einem seichten Gewässer umdreht, findet allerhand Schwimmendes, Krabbelndes und Haftendes, das dort sein Leben verbringt. Ein Mann hat mir erzählt, wie er als Knabe zusammen mit seiner

Schwester sich daran machte, alle Quappen – das sind die dickköpfigen kleinen Fische jenes Lebensraumes – umzubringen und auszurotten, um die schöne Natur von solchen »Ungeschöpfen« (Goethe) zu befreien. Später war der »Naturverschönerer« von damals hauptberuflich im Naturschutz tätig!

Hohes Gras mit Blumen dazwischen, übersummt und durchkrabbelt von den vielfältigsten Lebewesen – Lerchen hoch im Blau, unten am Grund Frosch, Blindschleiche oder Schnecken –, dafür ist Rasen kein Ersatz.

Damit er nicht verlorenging, pflegte eine Mutter ihren blindgeborenen Sohn mit einem langen Seil an einen Baum festzubinden, während sie ihrer Feldarbeit nachging. Da saß der Junge dann ganz allein und horchte auf die Stimmen der Natur: das Rascheln und Rauschen der Blätter, das Singen der Vögel und das Zirpen der Grillen und Heuschrecken. *Einem* Geräusch jedoch lauschte er lange vergeblich nach, obwohl die Erwachsenen es zuweilen gesprächsweise erwähnten und sein Sitzplatz in der Wiese der denkbar geeignetste Beobachtungsplatz war. Endlich, nach tagelangem Lauern vernahm er ein ganz feines Summen oder Sirren: *Das* mußte es sein! Stolz und geheimnisvoll vertraute er seinem älteren Bruder an: »Jetzt hab ich endlich das Gras wachsen hören!«

Der Frühlingswald im jungen Laub, von Vogelgezwitscher klingend, mit Blumen und blühenden Sträuchern und trägen blauschillernden Mistkäfern am Boden, überhaupt der Wald in allen Jahreszeiten und mit all seinen vielfältigen Gaben: Beeren, Pilzen, Tannenzapfen, Eicheln, Bucheckern – der gehört zur notwendigen Kindheitserfahrung.

Ackerland im Wechsel von Pflügen, Säen oder Pflanzen und Ernten – das Kind muß doch sehen, wo die sauber verpackten Lebensmittel im Selbstbedienungsladen ihren Ursprung haben! Darum ist auch der Besuch im Kuhstall unerläßlich! Die Begegnung mit einem Kälbchen ist eine besondere Freude.

Was noch? Auf Bäume klettern – Hühner füttern – einen Vogel bei Brut und Aufzucht seiner Jungen beobachten – mit Kätzchen spielen – Blumen pflücken – Obst ernten – Samen säen und das Keimen beobachten.

Jedes Kind sollte einmal ein Tier gehalten haben. Manche Kinder schleppen unermüdlich Tiere heim: Kätzchen, Käfer, junge Vögel, Kaulquappen und Eidechsen – da mögen die Eltern beraten, wieviel davon zu verkraften ist und was das Tier ihrem Kind bedeutet.

»Schau ich in die tiefste Ferne
Meiner Kinderzeit hinab,
Steigt mit Vater und mit Mutter
auch ein Hund aus seinem Grab...
Mit den treuen braunen Augen
Blickt er wieder auf zu mir
Und er scheint wie einst zu mahnen:
Geh doch nur, ich folge dir!
Denn in unserm Hause fehlte

Es an Dienern ganz und gar,
Doch die Mutter ließ mich laufen,
Wenn er nur zur Seite war.
Besser gab auch keine Amme
Je auf ihren Schützling acht,
Und er hatte schärfre Waffen
Und gebrauchte sie mit Macht...
Er erhielt von jedem Bissen
Seinen Teil, den ich bekam,
Und er war mir so ergeben,
Daß er selbst die Kirschen nahm.
Wie die beiden Dioskuren
Brachten wir die Tage hin,
Einer durch den andern glücklich,
Jede Stunde ein Gewinn...«

(HEBBEL)

Aus mancherlei Gründen wollen und können viele Leute heutzutage keinen Hund und auch keine Katze halten. Wo man sich aber weder zu dem langlebigen Vogel noch zu dem kurzlebigen Goldhamster entschließen kann, sollte man den Kindern vielleicht einmal das unvergeßliche Erlebnis einer Insektenmetamorphose verschaffen: Im Frühjahr große haarige Raupen an Brennesseln zu sammeln ist ein sehr sicherer Tip! Das Futter läßt sich auch in der Stadt in irgendeiner vernachlässigten Ecke finden; und ob nach einigen Wochen das Tagpfauenauge oder der Kleine Fuchs aus der Puppe ausschlüpft – das Entzücken der Kinder ist gleich groß. Oder man setzt in ein offenes, bepflanztes Aquarium einige der grauen, häßlichen Libellenlarven. Sie fressen Fliegen, Würmchen, Fleischstückchen, können auch lange hungern. Eines Tages im Frühsommer hängt dann an einem Pflanzenstengel die leere Nymphenhülle, und am Fenster sitzt der prachtvolle, frischgeschlüpfte »Doppeldecker«, die Libelle oder Wasserjungfer.

Lustig ist zu beobachten, wie Kinder neue Erscheinungen benennen, für die ihnen der Name noch fehlt:

Aus der dunklen Gartenerde stieg blank und goldgrün schimmernd mit roten Beinen ein Goldlaufkäfer empor. Die kleinen Söhne des Bergbeamten wissen wohl, was ein Bergmann unter der Erde zu schaffen hat, – aber dieses Wunder hier –: »Mutti, – *ein Berghauptmann!«* In der Familie blieb der stolze Name an dem flinken Käfer haften.

Der leidenschaftliche Wunsch der Kinder, Tiere zu halten, zu besitzen, kann zu verständnisvoller Tierpflege führen oder zu allerhand Mißgeschick. Ein Lehrerssohn versuchte immer wieder, im Bett Vogeleier auszubrüten. Natürlich zerbrachen sie stets! Ein Zweitkläßler brachte im Lauf eines Sommers zuweilen Konservendosen mit Kaulquappen oder Fischlein nach Hause. Dreimal ließ er bei seinen Fischzügen ein neues Paar Schuhe am Weiher stehen – ein hoher Preis für das Geziefer!

Jedes erreichbare Tier, dessen Größe es zuläßt, wird

gelegentlich in einer Bubenhosentasche transportiert. Ob Frosch, Molch, Kätzchen, Maus, Vogel, Eidechse oder Raupe – es geht nicht immer ohne Beschädigung ab. Und hat es den Transport überstanden, so wird manches Tierchen zu Tode geliebt. Andere gehen zugrunde, weil der kleine Tierfreund den Käfig in die pralle Sonne stellte, verkehrtes Futter reichte oder das Wasser vergaß, also der Tierhaltung nicht gewachsen war.

Manches Kind quält ein Tier, weil es sehen will, was z.B. die Fliege macht, der man die Flügel ausgerissen hat. Es experimentiert mit Tieren wie mit toten Dingen. Der zusammengerollte Igel glich einem Ball – und das sechsjährige Mädchen spielte mit ihm Fußball! Die Mutter war untröstlich!

Schelten und Schläge dürften meist nicht das geeignete Mittel sein, um dem Kind die Grausamkeit bewußtzumachen. Die betrübte Miene der Mutter, ihr Mitleid mit dem gequälten Tier und vor allem sorgfältige Erklärung, auch das Erzählen von Geschichten, die Ehrfurcht vor dem Leben wecken – das sind wirksame Mittel, dem Kind die Tiere als lebendige Mitgeschöpfe bewußtzumachen.

Manche Kinder entwickeln sich zu Tierpflegern. Ein Achtjähriger brachte aus den Ferien eine Erdkröte heim, deren Rücken durch einen Wiesenbrand zu einer großen Wunde geworden war. Einen Winter lang puderte der Junge täglich den wunden Rücken des Tieres mit Dermatol. Im Frühjahr konnte er es, geheilt und wohlgepflegt, in den Wald hüpfen lassen. Diesem Jungen gelang später auch die Aufzucht von nackten Nestvögelchen, die die Nachbarskinder stets ihm zu bringen pflegten. Der Beruf, den der Herangewachsene gewählt hat, steht im Dienst leidender und verstümmelter Mitmenschen.

Für Tierbeobachtungen ist kein Ersatz möglich. Wohl aber kann ein kleines Stück treu beobachtete Natur die Aufnahmefähigkeit schaffen für spätere, größere Erlebnisse.

Wer bei seinem Sonntagsspaziergang im Stadtwald nichts beobachtet, der erlebt auch am Meer und im Gebirge nichts. Wer hier weder Specht noch Eichhörnchen bemerkt, braucht nicht zu meinen, daß er dort dann Seestern und Murmeltier sieht. Wer keine gewöhnlichen Pflanzen kennt, dem fallen auch die merkwürdigen nicht auf.

Erlebnisfähigkeit kann ein Kind lernen am Beispiel des erlebnisfähigen Erwachsenen. Zweierlei mag wirken: einmal die treue Intensität und innere Beteiligung, mit der ein an sich unauffälliger Vorgang beobachtet und eindrucksvoll vermittelt wird, zum andern die Kraft der Phantasie, die Alltägliches in Außerordentliches verwandelt und so Abenteuer schafft, die wirklich sind, weil sie auf die Kinder wirken wie reale Erlebnisse.

Sehr klein muß ich noch gewesen sein, als meine Großmutter mir auf einem Herbstspaziergang zeigte, wie die gefallenen Blätter auf dem regenfeuchten Weg wieder zu Erde werden. Manche waren frisch gefallen, andere schon verrottet, nur die Blattgestalt noch zu erkennen – ein Strich mit der Schuhsohle und sie waren zu Erde geworden. Es knüpfte sich ein Gespräch über die Vergänglichkeit an.

Durch die Macht der Phantasie kann ein gewöhnlicher Spaziergang spannend gestaltet und die Durchhaltekraft der Kinder gestärkt werden. Durst, Hunger und Hitze einer Sommerwanderung werden heroisch ertragen, während »die Karawane mühsam durch den mahlenden Sand zieht, immer wieder durch eine Fata Morgana getäuscht, bis endlich die ersehnte Oase sichtbar wird« – das Gasthaus!

Wie schnell verstummt auf dem langen nächtlichen Heimweg das Gejammer der müden Kinder, wenn der Weg »durch das Gebiet eines feindlichen Stammes führt und man ständig auf der Hut sein muß vor Spähern«.

Noch heute erinnere ich mich an die wunderbaren Farben der Gletscherspalten und Eishöhlen, durch die unsere Tante uns einst führte im Lauf einer mühseligen Gletscherwanderung, die sich durch den Hinterhof, über die Stiege zum Holzschopf und durch die Waschküche unserer Stadtwohnung bewegte!

Diese unübertreffliche Tante hatte sich noch ein besonders eindrucksvolles Spiel ausgedacht, mit dessen Hilfe sie uns Binnenlandkindern einen Begriff von den Gezeiten des Meeres vermittelte. Sie hatte von verschiedenen Studienreisen nach England massenhaft Atlantikmuscheln mitgebracht, Austernschalen, Rasiermesser, Hütchenschnecken, Seesterne und Blasentang. Da war sie die *Flut* und kam mit Gebrüll, immer weiter vor und wenig zurück ins Zimmer, und bei jedem Vorgehen streute sie händevoll von jenen Meeresschätzen auf den Boden, wo wir Kinder sie rasch in Körbchen einzusammeln bestrebt waren – immer auf der Flucht vor der nächsten »anrollenden Woge«. Bald aber verwandelte sich die Tante in die Ebbe und nahm ihre Schätze wieder mit ins »Meer«.

So können Naturerlebnisse auch gespielt werden – nachgespielt oder aus der Phantasie heraus gespielt ohne das vorhergehende Erlebnis. Das spielende Wiederholen macht viele Ereignisse dem Kinde erst so recht zu eigen und bereitet auf neue Erlebnisse vor. Kleine Kinder schätzen es auch ungemein, wenn man ihnen ihre eigenen Erlebnisse immer wieder erzählt, womöglich noch illustriert, – aber nur für die Kinder, nicht um Gäste zu unterhalten!

Eine Mutter hat für drei ihrer Kinder Wandbehänge gestickt und geklebt: Auf dem einen sieht man das eigene Haus, den Garten, die Blumen, die Familie; der zweite Wandbehang zeigt das Ferienhaus im Schwarzwald, die waldigen Höhen, die Nachbarin mit Kindern und Vieh; auf dem dritten schließlich sind die Alpen zu sehen, die zackigen Schweizer Berge, die auch alle Jahre von der Familie aufgesucht werden. Die kleinen Kinder betrachten ihre Wandbilder Abend für Abend eingehend und werden so immer wieder an schöne Erlebnisse erinnert.

Erinnerungen und überlieferte Geschichten werden auch wachgehalten durch die *Raritätenkiste,* die in irgendeiner Form in jedes Kinderzimmer gehört. Da findet sich, was im Lauf der Jahre an Naturspielsachen des Mitnehmens wert gefunden wurde und nun zu phantasievollem Spiel und zum Nachwirkenlassen schöner Erlebnisse anregt.

Was findet sich alles in dieser Kiste? Glatte, bunte Gerölle vom Rhein, honigfarbene und schwarze Hornsteine aus der Ostsee, Muscheln, Schneckenhäuser, Rizinuskerne, ein Treibholzkerl, amerikanische Eicheln, ein Rehgewichtel, ein paar Kuhzähne und ein trockener Baumschwamm, einige Donnerkeile, eine Druse mit Kalk- oder Quarzkristallen, ein Stück Bernstein, eine Hasenpfote. Manchmal kann ein solches Stück zum Begleiter auf Lebenszeit werden und still von Schreibtischschublade zu Schreibtischschublade mitwandern – wo es immer wieder die Erinnerung an ein versunkenes Paradies wachruft, bis der Besitzer sich schließlich aufmacht und mit den eigenen Kindern »dorthin« reist.

Zum Aufbewahren ungeeignet, nur für den Augenblick geschaffen und zuweilen nach kaum einer Stunde schon dahin – oder doch nach wenigen Tagen –, behaupten die kurzlebigen Naturspielsachen zäh und unverdrängt ihren Platz – manche schon über Jahrtausende hin! Wer mag den ersten Blumenkranz gewunden haben? Welcher Hirt hat die erste Weidenflöte geschnitten? Wo mag zum erstenmal eine Mutter ihrem Kind eine rasselnde Samenkapsel in die Händchen gegeben haben zum Spielen? Körbchen, Helme und Röcke aus Binsen, Blasrohre aus Stengeln, Hüte gegen Sonne oder Regen aus den mächtigen Blättern der Pestwurz, uralt – und doch jedesmal wieder ganz frisch und neu, vergänglich, aber mit der Verheißung der Wiederkehr!

So begleitet kurzlebiges Naturspielzeug das Kind durch alle Jahreszeiten: Osterpfeifen aus Wiesenkerbel, lange Wasserleitungen und Springbrunnen aus den zusammengesteckten Stielen des Löwenzahns, Burgen und Häuser aus frisch geschnittenem Gras getürmt, anmutige, elfenzarte Puppengesellschaften aus allerlei Blüten und Kräutern. Da müssen auch verborgene Gestalten ans Licht: Die Gesichter der Malvenpüppchen werden aus den Knospen gepuhlt, Mohnblüten umgestülpt, um Damen mit Halskrausen zu erhalten; von der zwar giftigen Eisenhutblüte muß man den Helm abknipsen, damit die kleine Kutsche mit den vorgespannten Täubchen sichtbar wird. Aus Stengeln und Früchten entstehen Vögel und allerlei Getier. Der Herbst bringt Kastanienzoo, Vogelbeerketten und schließlich die Kürbislaterne! Im Winter gibt es Kartoffelkasperle, und die leuchtenden Schalen der Apfelsinen verwandeln sich in Körbchen, Schlangen, Kronen, Äffchen und Masken, die im Lauf einiger Tage zu seltsamen Mumien schrumpfen. Im schneefreien Wald wird ein Zwergenhäuslein aus Moos und Zweigstücken errichtet – schön mit Gartenzaun rundum –, und abends erinnert das Lied vom Rosenblattschifflein die Kinder an die Blumenspiele des Sommers:

»Ein Schifflein sah ich fahren,
Ein Schifflein wunderfein.
Konnt kaum die Mannschaft gewahren,
So klein war sie, so fein.
Der Rumpf, der war ein Rosenblatt,
Der Mast ein Rosendorn;
Ein Käfer steht am Steuerrad,
Ein andrer Käfer vorn.
Und liebliche Libellen
Das sein die Passagier,
Sie schaukeln auf den Wellen
Und haben groß Pläsier.
Ach, lieber guter Abendwind,
Weh' du nur leis und lind,
Sonst sinkt das Schiff mit Mann und Maus,
Und alle Freud ist aus.«
(Autor nicht bekannt)

MENSCHENWELT

Was von allen bisher geschilderten Umgebungskreisen gilt, muß für den Kreis der Mitmenschen mit ganz besonderem Gewicht gesagt werden: Es ist unmöglich, daß ein Kind richtig in die menschliche Gemeinschaft hineinfindet, wenn es nicht von ganz klein auf spielend und nachahmend hineinwachsen kann. Jeder hat heute Veröffentlichungen gelesen über den Hospitalismus, jene schwere Entwicklungsstörung, die bei solchen Kindern auftritt, die in Kinderheimen zwar hygienisch einwandfrei versorgt, aber ohne Anregung und Vorbild nicht recht gedeihen, geistig und körperlich zurückbleiben und nach entsprechend langem Verweilen an solchem Ort für eine normale Entwicklung verloren sind.

Recht überzeugend scheint mir ein Bericht über zwei italienische Kinderheime, den ich vor gut zwanzig Jahren in einer illustrierten Zeitschrift las. Das eine davon, ein vorzüglich geführtes Privatheim, beherbergte nur Kinder aus begüterten Familien, denen für ihre Babys das Beste gerade gut genug war. Das gut ausgebildete Personal arbeitete einwandfrei, dennoch wurden an den Kindern die typischen Entwicklungshemmungen festgestellt, die unter dem Namen Hospitalismus zusammengefaßt werden. Das zweite Heim, dem Frauengefängnis angegliedert, war für die Babys straffälliger Mütter eingerichtet. – Babys, gerade aus den Kreisen, bei denen im normalen Leben häufig verwahrloste, zurückgebliebene Kinder angetroffen werden. Hier wurde jedes Kind von der eigenen Mutter versorgt, die zu diesem Zweck eine kurze Zeit das Kinderheim betreten durfte und der diese Zeiten bei ihrem Kind die einzige Freude und Abwechslung im Gefängnisalltag bedeuteten. Dieses Kinderheim beherbergte im Gegensatz zu dem teuren Etablissement lauter Prachtkinder. Der auffällige Unterschied in der Entwicklung der Kinder in beiden Heimen war es, der einen Arzt zu dem Bericht veranlaßte. Inzwischen gibt es Gefängniskinderheime auch in Deutschland, und die Erfahrungen sind sehr gut.

Die innere Beteiligung der Pflegeperson, das Kosen und Tändeln lassen ein Kindlein gedeihen! In Erkenntnis dieser Tatsache hat man in Kinderheimen in Rußland – in wie vielen, weiß ich nicht – den Pflegerinnen verboten, sich miteinander zu unterhalten, während sie die Kinder versorgen. Jede muß ausschließlich mit dem Kind sprechen und scherzen, das sie gerade in den Händen hat. Hier hat man die Wichtigkeit des Ansprechens erkannt.

Um das schädliche Von-Hand-zu-Hand-Gehen der Heimkinder zu vermeiden, bestand in dem städtischen

Säuglingsheim in Lörrach, wo ich seinerzeit Säuglingspflege lernte, der Brauch, daß jedes Kind immer von einer bestimmten Schwester oder Schülerin versorgt wurde. So konnte es heißen: »Marthl, Ihr Hansi schreit!«, und die Marthl lief.

Derjenige Mensch, der sich im ersten Jahr intensiv mit dem Kinde befaßt, hat eine Schlüsselstellung inne – an ihm liegt es, das Kind für das Leben unter Menschen aufzuschließen. Später nachzuholen, was im ersten Lebensjahr versäumt wurde, ist eine der großen und mühevollen Aufgaben der Heilpädagogik. Was im ersten Jahr jede liebevolle Mutter, Tante, Großmutter oder große Schwester ohne Spezialkenntnisse fertigbringt, erfordert später einen gewaltigen, mit Geld nicht zu bezahlenden Einsatz an Hingabe, Arbeit und Seelenkräften sorgfältig ausgebildeter Leute.

Sobald das Kind sein Köpfchen hebt und Umschau hält, will es *alles* sehen. Sobald es hinter dem Erwachsenen hertappeln kann, will es *alles* anfassen und bald auch bei *allem* mitmachen. Das ist einstweilen das reine Entsetzen: Der Stuhl wird gesalbt, das Klavier gewaschen, der Kaffeesatz in die Suppe, die Kleie ins Aquarium und die Nitrolackverdünnung in die Waschmaschine gekippt – alles in dem berühmten unbewachten Augenblick! In diesem Stadium ist ein Kleinkind in Küche oder Werkraum eine Art Naturkatastrophe – nicht jedes Kleinkind, aber viele! Einer meiner Söhne begann mit drei Jahren, alle erreichbaren Schnüre, Nestel und Bänder mit Spielsachen und Möbeln zu einem einzigen verworrenen »Rattenkönig« zu verknoten und zu verknüpfen. Dieses nervenraubende Spiel blieb längere Zeit seine tägliche Übung und meine Feierabendbeschäftigung.

Recht bald kann so ein kleines Menschlein bei Arbeiten der Großen mitmachen: Mit einem kleinen Besen, einem Mop und dem Staubtuch wird Mutti beim Saubermachen der Wohnung unterstützt. Löffel abtrocknen kann man schon sehr früh; und mancher Dreijährige trocknet bereits das ganze Geschirr ab.

Wenn Vati sein Auto repariert, empfiehlt es sich, den Hammer des jüngsten Lehrbuben mit einem alten Gummischlauch zu überziehen oder ihm gleich einen Gummihammer zu geben.

Je nach der Wohngegend können schon sehr kleine Leutchen mit Rucksack oder Körbchen zum Einkaufen gehen.

Viele der interessanten und anregenden häuslichen und handwerklichen Arbeiten, in die Kinder spielend hineinwachsen können, werden heute von Maschinen erledigt. Um so wichtiger ist es, den Kleinen nichts von dem vorzuenthalten, was sie an solchen Arbeiten auch heute noch miterleben können.

Im Völklinger Kindergarten der »Lebenshilfe« durften die Kinder immer beim Kochen ihres Mittagessens zuschauen und helfen. Das mochte zwar die Arbeit der Köchin erschweren, aber für die Kinder bedeutete es wirkliche Lebenshilfe. Leider ist aus Ersparnisgründen die Stelle der Köchin gestrichen worden – nun wird nur noch Großküchenkost angeliefert.

Unvergeßlich ist mir eine Szene aus einem Kulturfilm über Birma, wo eine Familie auf ihrem Wohnboot den Fluß entlangrudert und ein kleines Kind neben der Mutter steht, immer die Händchen an ihr Ruder gelegt, so daß dessen Rhythmus dem kleinen Wesen ganz und gar einverleibt wird.

Unglaublich lästig können die Nachahmungsspiele der Kinder werden! Was allein ich da schon erlebt habe!... Ein Fundament wurde betoniert: Die kleinen Söhne schmuggelten Beton in ihren Manteltaschen beiseite und betonierten in Großmutters Hühnerstall die Hühnernester aus.

Elektriker sind im Haus: Nicht nur entsteht im Bubenzimmer ein völlig sinnloser, aber tiefer Schlitz in der Wand, selbst der Zweijährige nimmt einen Schraubenzieher mit zum Mittagsschlaf und demontiert in der Zeit einen Lichtschalter. Ohne ganz besonders technisch geschulte Schutzengel wäre keiner meiner Söhne am Leben geblieben – und das ist kein Scherz!

Nicht nur die Arbeiten, die sie andere ausführen sehen, noch vieles andere wollen Kinder kennenlernen, nachmachen und mit ihrer ganzen Person ausprobieren.

In wen und was alles verwandelt sich so ein kleines Menschlein, um die Vielfalt des Lebens zu erforschen! Da gibt es Mädchen, die eine Zeitlang Buben, Buben, die ihrerseits Mädchen sein wollen, sich entsprechend kleiden und benehmen.

Das kann ohne ersichtliche Ursache geschehen, oder es besteht ein triftiger Grund zur Verwandlung.

Einst schellte ein aufgeregter Nachbar an der Tür: Zum zweiten Male in zwei Tagen sei ihm der Dreieinhalbjährige vor die Räder seines Autos gelaufen, und nur durch eine Vollbremsung hatte er das Schlimmste vermeiden können! Als der Mann fort war, sah sich die Mutter nach dem Sohn um – aha, unter die Eckbank gekrochen, von wo er erst nach einer Stunde wieder ans Tageslicht kam. Dann aber weigerte er sich zwei Tage lang, das Haus zu verlassen; er scheute sich, den Nachbarinnen zu begegnen, die Zeugen seines Leichtsinns gewesen waren. Schließlich verfiel er auf einen Ausweg: »Mach mir eine andere Frisur und gib mir einen anderen Namen, damit mich niemand kennt«, verlangte er. Na schön! Die Mutter band ihm zwei rote Schleifchen in sein Strohdächlein und nannte ihn Mariele – später hieß er dann lieber Angelika nach seiner großen Freundin. Ein Mädchen aber blieb er mehrere Monate lang. Dem Schaffner, der ihn im Zug freundlich fragte: »Na Kleiner, wie heißt du denn?« erwiderte er finster: »Bin e Mäde!«

Einige Wochen lang war ein kleiner Junge ein Hund, und man mußte ihm seinen Teller auf den Boden stellen – er war aber ein lieber, zahmer und folgsamer Hund und ging artig an der Leine. – Ganz von selber verwandelte er sich wieder in ein Menschenkind.

Bedenklicher war es, als in einer Kindergartengruppe ein kleines Mädchen Tag für Tag einen Hund spielte und darauf die übrigen Kinder sich ebenfalls in Hunde verwandelten. An vielen Tagen beschränkte sich die Tätigkeit der Kindergärtnerin auf »Hundedressur«, allenfalls kleine Hundeszenen konnten aufgeführt werden. Dann ging sie der Erscheinung auf den Grund: Alle »Hunde« waren artig und verträglich bis auf den ersten, den »Urhund« sozusagen, dieser knurrte und mochte nicht gehorchen. Als sich allmählich die anderen »Hunde« wieder in Kinder verwandelten, blieb dieser ein »Hund«.

Die Kindergärtnerin besuchte die Eltern und fand ein gepflegtes Einfamilienhaus, wo das einzige Kind sich in seinem Zimmer aufzuhalten hatte. Der Hund jedoch, der seit etlichen Monaten zur Familie gehörte, durfte überall sein, sogar mit den Füßen auf den Polstermöbeln. Es gelang, den Eltern die verzweifelte – und berechtigte! – Eifersucht des Kindes bewußtzumachen, und sie ließen sich etwas einfallen: Sie betrauten das Kind mit der Fütterung des Hundes, unterstellten diesen somit deutlich der Tochter; und siehe da, nun konnte das Kind auch seine Hunderolle aufgeben.

Hier sind wir schon mitten im Rollenspiel. Ich kannte zwei Schwesterchen, die sich Sonntag für Sonntag verwandelten. Die Jüngere wurde stets zur Prinzessin, die Ältere zum Prinzen oder zur Gouvernante – je nachdem. Es gab da noch ein anderes Rollenspiel: Affe Mobbi und sein Wärter. Dem machte ein väterliches Veto ein Ende:

Die Rolle des Affen ging wirklich auf die Dauer über die Kräfte der zarten jüngeren Tochter.

Zu der Mutter mehrerer Töchter kommen zuweilen drei »völlig verarmte Prinzessinnen« zu Besuch, die sich ums liebe Brot bei fremden Leuten verdingen müssen. Wenn die Mutter dann sagt: »Liebe Prinzessin, Sie können hier den Vogelkäfig meiner Tochter misten, Sie dürfen dann anstelle meiner Tochter bei uns zu Mittag essen!«, so setzt diese Zumutung die kleine Prinzessin etwas in Verlegenheit, denn vielleicht war es gerade der Vogelkäfig, vor dem sie in die Prinzessinnenrolle geflüchtet ist!

Zwei Tage lang war ein kleiner Bub ein Teufelchen: Als Kostüm genügte ein Stück Gartenschlauch hinten am Kittel befestigt, der Teufelsschwanz! Diesen Teufelsschwanz tunkte er in den Putzeimer und tropfte dann damit im Zimmer herum, schrie ungebärdig und »teufelte« eben in jeder Weise. Dann wurde es dem kleinen Mann bedenklich, und er kam zu seiner Mutter: »Jetzt will ich lieber ein Engele sein!« Und er war eins!

So kann ein Rollenspiel oft helfen, eine eintretende Schwierigkeit in der Entwicklung zu überspielen. Vier oder fünf Jahre alt war ein kleines Mädchen, als es plötzlich mit richtigen cholerischen Zornausbrüchen anfing und tobend in der Stube herumstampfte. Die erwachsenen Schwestern, mit dieser Entwicklung nicht einverstanden, erzählten dem kleinen Muster das Märchen vom Rumpelstilzchen. Dann wurde das Märchen aufgeführt und siehe: Nachdem sie das Rumpelstilzchen mit totalem Einsatz dargestellt hatte, war der Bedarf der kleinen Schwester an cholerischen Ausbrüchen gedeckt; und es sind solche im späteren Leben nur noch bei ganz seltenen und wirklich lohnenden Anlässen aufgetreten.

Wo eine Schwierigkeit auftritt in der Entwicklung eines Kindes oder auch einer Kindergruppe, ist es in sehr vielen Fällen besser, gerade die Karikatur dieses Fehlers in einer Aufführung recht deutlich darstellen zu lassen, als zu versuchen, durch den Verstand mit Zureden einzuwirken. Über die mit Weisheit zugeteilte Rolle kann man unter Umständen Bereiche des kindlichen Wesens erreichen, die keiner anderen Einwirkung zugänglich sind. Wie mancher Lehrer hat schon eine verstockte Klasse durch eine Aufführung fürs Lernen aufgeschlossen oder eine Fehlentwicklung auf diese Art zurechtgebogen.

Im Sommer 1974 übernahm eine junge Kindergärtnerin eine Gruppe von 28 Kindern, von denen 16 schon fünf und sechs Jahre alt waren. Die Kinder waren laut, unverträglich und zu konzentriertem Spielen nicht imstande. Spielsachen wurden aus den Regalen genommen und nach kurzem Befingern wieder hingetragen; ein Kind schien das andere zu stören.

Nachdem die Kindergärtnerin vergeblich versucht hatte, den Kinderlärm zu überschreien, ging sie dazu über, besonders leise zu sprechen. Als nächstes räumte sie den mit Möbeln überfüllten Gruppenraum so um, daß die einzelnen Spielbereiche einander nicht mehr gegenseitig störten und in der Mitte genügend freier Raum blieb. Sodann wurde das Spielzeug sortiert, wobei alles sogenannte didaktische Spielzeug weggeschlossen wurde. Um die Lücken zu füllen, wurden Mütter um eine Spende ausgedienter Bettücher gebeten, die dann mit den Kindern im Abbindverfahren batikartig eingefärbt wurden.

Noch ehe die Tücher zur Verfügung standen, begann die wichtigste Maßnahme: das Rollenspiel. Die Kindergärtnerin trug das Herder-Gedicht vor:

»Wind und Sonne machten Wette, wer die meisten Kräfte hätte, einen armen Wandersmann seiner Kleider zu berauben...« u.s.w.

Schon beim zweiten Male war ein Kind der Wandersmann, eins der Wind und eins die Sonne. Die Kinder fanden sich begeistert in ihre Rollen. Das Gedicht mußte mehrmals in wechselnder Besetzung gespielt werden. Am nächsten und alle folgenden Tage verlangten die Kinder von sich aus »Wind und Sonne«, bis eines Tages »Der schlafende Apfel« von Robert Reinick vorgetragen wurde. Dieses Gedicht wurde mit Entzücken immer wieder gespielt, bis zu 17 mal hintereinander! Jedes wollte einmal »das Kind« sein, oder der Apfel. Man braucht lediglich für den Apfel und für die Sonne je einen Stuhl.

VOM SCHLAFENDEN APFEL

Im Baum im grünen Bettchen
hoch oben sich ein Apfel wiegt;
der hat so rote Bäckchen,
man sieht's, daß er im Schlafe liegt.
  Ein Kind steht unterm Baume,
  Das schaut und schaut und ruft hinauf:
  »Ach Apfel, komm herunter!
  Hör endlich doch mit Schlafen auf!«
Es hat ihn so gebeten;
glaubt ihr, der wäre aufgewacht?
Er rührt sich nicht im Bette,
sieht aus, als ob im Schlaf er lacht.
  Da kommt die liebe Sonne
  am Himmel hoch daherspaziert.
  »Ach Sonne, liebe Sonne,
  mach du, daß sich der Apfel rührt!«
Die Sonne spricht: »Warum nicht?«
Und wirft ihm Strahlen ins Gesicht,
küßt ihn dazu so freundlich;
der Apfel aber rührt sich nicht.
  Nun schau, da kommt ein Vogel
  und setzt sich auf den Baum hinauf.

»Ei, Vogel, du mußt singen;
gewiß, gewiß, das weckt ihn auf!«
Der Vogel wetzt den Schnabel
und singt ein Lied so wundernett
und singt aus voller Kehle:
der Apfel rührt sich nicht im Bett.
Und wer kam nun gegangen?
Es war der Wind, den kenn ich schon:
der küßt nicht und der singt nicht;
der pfeift aus einem andern Ton.
Er stemmt in beide Seiten
die Arme, bläst die Backen auf
und bläst und bläst und richtig,
der Apfel wacht erschrocken auf.
Und springt vom Baum herunter
grad in die Schürze von dem Kind;
das hebt ihn auf und freut sich
und ruft: »Ich danke schön, Herr Wind!«

Robert Reinick

Im Kindergarten wurden, den Jahreszeiten folgend, viele Themen behandelt. Sobald aber ein Gedicht, ein Lied oder eine Geschichte vorkam, sagten die Kinder, das wollten sie jetzt auch spielen. Sie spielten sogar Sachen, die man eigentlich gar nicht spielen kann. Das organisierten sie längst alles selber. Die Kindergärtnerin mußte nur Tücher oder sonstige Requisiten herausgeben und dann den Text sprechen. Sie selbst hätte nicht zu sagen gewußt, wie in aller Welt man ein Liedchen vom Kuchenbacken spielen sollte; die Kinder wußten es. Eines war der Bäcker, eines war Mehl, eins Milch, eins Zucker, zwei waren der Backofen, in dem ein kleiner Rotkopf als Feuer saß. Zu den Strophen des Liedchens stopfte der Bäcker alle Zutaten unter ein weißes Tuch und knetete diesen »Teig« gründlich. Dann rollte der Teig in den Ofen, um nach einer Weile in ein braunes Tuch gehüllt, also »gar« wieder herauszurollen.

Längst konnten die Kinder ausdauernd spielen. Sie bauten imposante Gebäude, malten und wußten immer etwas anzufangen. Aber was sie auch gerade machen, selbst jetzt nach einigen Jahren und mit fast lauter neuen Kindern – es vergeht keine Woche, ohne daß »der schlafende Apfel« gespielt würde.

Nach einem Jahr kamen die 16 Großen in die Schule, alle in eine Klasse. Die Lehrerin sagte später, eine so aufgeschlossene und untereinander hilfsbereite erste Klasse habe sie noch nie gehabt.

Nach zwei Jahren kam ein sechsjähriger Junge neu in den Kindergarten. Von ehrgeizigen Großeltern sehr intellektuell dressiert, wußte er weder mit sich selbst noch mit den anderen Kindern etwas anzufangen. Er kritisierte nur alles, was sie spielten und gestalteten. Die anderen kümmerten sich nicht weiter um ihn. Am zweiten Tag saß er finster und abweisend mit gesenktem Kopf im Stuhlkreis, als »Der schlafende Apfel« gespielt wurde. Da geschah eine Verwandlung mit ihm: Sein Kopf hob sich, die Haltung entspannte sich, die Augen strahlten, und nach der zweiten Aufführung rief er eifrig: »Darf ich jetzt das Kind sein?«

Damit war der Junge gewonnen. Von da an machte er bei allem mit und entwickelte sogar Führungseigenschaften in der Kindergemeinschaft. Bei jeder Aufführung war er mit Eifer dabei.

Die Erstkläßler kommen als Ehemalige gern nachmittags in den Kindergarten. Drei von ihnen unternahmen es, selber eine Geschichte zu erfinden, die seitdem immer wieder aufgeführt wird. Im Gegensatz zu den anderen Aufführungen werden hierbei die Hauptrollen fast immer von den gleichen Kindern gespielt. Etwa anwesendes Publikum beeinflußt die Aufführungen nicht. Eine einzige Vierjährige muß allenfalls ihre Verlegenheit durch ein wenig Getue überspielen.

Bei diesen Rollenspielen lernen die Kinder, etwas Gehörtes sofort mit dem ganzen Leibe bis in die Gliedmaßen zu ergreifen, es sich wahrhaft einzuverleiben. Selbst lange bilderreiche Märchen erfassen sie beim einmaligen Zuhören und können sie sofort darstellen. Sie wissen selber, welche Personen auftreten und wie die Szene angeordnet wird, ob Kostüme und Requisiten erforderlich sind.

So »lernt« ein Vorschulkind! Was als »gewußte« Information im Kopf steckenbleibt, ist wertlos im Vergleich zu dem, was der Phantasie Nahrung bietet. Den höchsten Wert für die Entwicklung hat etwas Gehörtes, wenn es den ganzen Menschen in Tätigkeit bringt und erspielt wird.

In der besprochenen Kindergruppe finden Aufführungen ausschließlich auf Wunsch der Kinder statt, dabei vergeht kaum je ein Tag ganz ohne jede Aufführung.

Noch eine wichtige Erfahrung macht sich das Kind beim Theaterspielen zu eigen. Aufführungen zur Verherrlichung eines besonderen Ehrentags geliebter Personen, z. B. Großeltern, seien es vorhandene oder eigens zu diesem Zweck geschriebene Stücke, die über die Bühne – oder den Gartenrasen – gehen, pflegen den so gefeierten Leuten große Freude zu bereiten. Diese Freude als Krönung und Lohn der sorgsam vorbereiteten Darbietung erhöht das Glück der Kinder und bereichert sie um die Erfahrung, daß Freude-Bereiten der sicherste Weg zu eigener Freude ist.

So wichtig ist das Rollenspiel! Und es ist unsere Sache, es zu fördern und zu unterstützen. Schenken wir also unseren Kindern und Patenkindern etwas für den »Theaterkoffer« oder die »Verkleide-Schublade«. Ein ausgemustertes Spitzenkleid, den alten Zylinder, einen schönen roten Stoff, zum Königsmantel geeignet, ein Stück Goldlamé, Kordeln und den alten blauen Vorhang, den ausgedienten Modeschmuck – seien wir auch jederzeit bereit, für weitere Requisiten sorgen zu helfen: Brustpanzer für Ritter werden mit der Heftmaschine aus alten Kartons geheftet. Ein Schwesternhäubchen kann dringend gebraucht werden, wenn die Puppen erkrankt sind, oder gar, wenn man immer wieder dem kranken Vati dies und jenes bringen darf – für eine »Krankenschwester« sind derlei Dienste der einzige Daseinszweck, während eine kleine Tochter davon auch mal genug kriegen kann.

Bei diesen Dingen gilt wie so oft bei Spielsachen: Doppelt gibt, wer gleich gibt. Ganz plötzlich wird oft etwas gebraucht, ein Indianerkopfschmuck, ein Räuberbart, eine Krone. Lassen wir sämtliche Schlafanzüge für diesmal ungebügelt, und machen wir statt dessen aus dem Hanfrest in Vatis Bastelschrank einen Bart. – Die Schlafanzüge werden vergessen. Das Räuberspiel strahlt weit in die Zukunft als ein Glanzpunkt aus der Kinderzeit.

Eins aber läßt sich nicht durch bloßes Rollenspiel wirksam überwinden, obwohl gerade das immer wieder behauptet wird: Das sind die aggressiven Triebe. Eine heute allgemein verbreitete Erscheinung, die fälschlicherweise für das notwendige Abreagieren solcher Triebe gehalten wird, hat die Fernsehlektorin Margie Lucas in der »Saarbrücker Zeitung« im August 1969 folgendermaßen geschildert: »Jetzt spielen wir Bonanza« (Auszug).

»...In meinem Haus wohnen mehrere Familien: ein Arzt, ein Richter, ein Werbefachmann, ein Hotelier; alles gehobener Mittelstand, guter Durchschnitt, durchaus nicht altmodisch oder stur. Alle haben sie Kinder. Die Kinder spielen im Hof und im Garten miteinander.

Und das hört sich so an: – ›Du, paß nur auf!‹ – ›Hände hoch!‹ –, ›Beng, Beng, Beng!‹ – ›Ah-h-h! Mu-utti! Er hat mich gehauen!‹ – ›Hände hoch! Aber sofort‹ –, ›Tr-r-r-r-. . .‹ (Das soll das Geräusch eines Maschinengewehrs sein.) ›Wenn du dich unterstehst ... da hast du's!‹ – ›Jetzt bist du der Gangster und ich der Sheriff ... und du stichst mir das Messer in den Bauch – nein tiefer – tiefer, du Döskopp! Und dann schieße ich – nein, vorher mußt du laufen – lauf doch!‹ – ›Beng!‹ – ›Ua-a-a!‹ – Und so geht das Stunden und Stunden hindurch.

Abends sitzen sie vor dem Fernsehen. Ein Krimi und noch ein Krimi; dazwischen ein Western. Mord und Totschlag, einer krümmt sich, schreit, ein Verletzter, einige Tote ... Die lieben Kleinen sitzen davor, atemlos, mit gereckten Hälsen; dann gehen sie schlafen, liegen rosig und warm in ihren Bettchen, und am nächsten Tag geht's wieder los: ›Aua!‹ – ›Beng!‹ – ›Ich werde dir – du wirst mir ... ich werde euch ... Tr-r-r-r-!‹

›Tja, das sind eben die natürlichen Aggressionen, die Kinder müssen sich abreagieren. Sie verstehen nichts von Kinderpsychologie ...‹

Zugegeben; das wird wahrscheinlich stimmen.

Die Eltern sehen also mit verzücktem Lächeln von ihren blumengeschmückten Balkons hinab, wie ihre Engelchen sich gegenseitig bedrohen, anbrüllen, mit ihren niedlichen Kinderpistolen aufeinander schießen ... ›Die natürlichen Triebe müssen berücksichtigt werden; wir haben sogar mal ein Buch von Freud gelesen, und schließlich sind wir doch moderne Menschen, nicht wahr?‹...«

Wenn »peng – peng« und »Tr-r-r-r!« den geringsten Wert zum Abreagieren der Aggressionstriebe hätten, so müßte dieses Spiel eine beruhigende Wirkung ausüben – am anderen Tag müßte ein anderes Spiel den Erfolg der »Kur« zeigen. – Aber nichts dergleichen geschieht, »peng–peng!« und »Tr-r-r-r!« erfüllen auch die weiteren Tage. Also nützt es nichts! Es ist lediglich ein Nachahmungsspiel. Was aber nützt?

In dem so sehr brauchbaren Gedicht »Der Teufel sucht Arbeit« läßt August Kopisch den Teufel sagen:

»...Der Acker ist von Steinen rein,
und Stock und Knubb' ist kurz und klein,
der Graben ist gegraben –
und Arbeit muß ich haben,
sonst werd' ich schlimm!«

Das ist es! Man sieht, das Rezept ist so alt wie die Menschheit.

Arbeit ist das Heilmittel, Anstrengung, Einsatz der eigenen Kraft. Zu diesem Zweck geeignet, aber nicht für jeden erreichbar, ist: Feldarbeit, Gartenarbeit, Löcher graben, Holz spalten, Kohlen tragen, Schneewalzen rollen, Steine schleppen.

Es gibt weise Großmütter, die ihren Gartenmann den alten Spalierbaum nicht ausgraben lassen, weil dem–

nächst zwei wilde, tatendurstige Enkel zu Besuch erwartet werden. Sind die Kinder klein genug, so reicht ein solcher Baum für die Aggressionstriebe von ein bis zwei Wochen.

In den »Jugenderinnerungen eines alten Mannes«[8] beschreibt W. v. Kügelgen eines jener Spiele, die geeignet sind, die Kinder ihre Kräfte erproben zu lassen.

»Eines schönen Nachmittags schlug (Caspar David) Friedrich uns Kindern ein besonderes Vergnügen vor, nämlich mitten im Wasser einen Turm zu errichten. Mit Begeisterung schleppten wir den flachen Bach durchwatend die Bausteine herbei, und Friedrich, wie ein hochbeiniger Reiher in der Flut stehend, ordnete sie zur Pyramide oder Säule, die bald mannshoch aus dem Wasser aufstieg...

Damit war indes die Freude nicht zu Ende, kam vielmehr nun erst recht zum Ausbruch. Man wollte nämlich weder der Zeit noch bösen Buben die Ehre gönnen, Friedrichs Kunstwerk wieder zu zerstören, dies vielmehr selbst besorgen; und alles stieg ins Wasser ... und raffte Steine aus der Tiefe.

Es begann nun eine treffliche Kanonade und ein unsägliches Vergnügen, denn im Zerstören ist große schöpferische Lust für jedermann. Die Geschosse, aus starker Faust entsendet, prallten von allen Seiten gegen das Denkmal, mit abgerissenen Trümmern zurück ins Wasser stürzend. Dies sprühte mannigfach zerklüftet um den dunklen Bau, Staubregen und Kaskaden bildend, in welchen der Strahl der Abendsonne zitterte, bis die Zerstörung vollendet war.«

Zu solchen Spielen gibt es in vielen Gegenden auch heute noch Gelegenheit, und man kann einem Ausflug durch ein derartiges Spiel mehr Glanz und Wirkung verleihen als durch das Erreichen berühmter Ziele. Zu Hause bietet das Errichten und Einstürzen großer Turmbauten aus allen verfügbaren Bauklötzen ein ähnliches Vergnügen im Zimmerformat. Leider sind viele Häuser so hellhörig gebaut, daß sogar dieses Spiel häufig als Belästigung empfunden wird.

Wie können wir unseren Stadtkindern zu Tätigkeiten verhelfen, bei denen sie ihre Körperkräfte gebrauchen müssen? Obwohl seit vier Jahrzehnten erfunden und in vielen Ländern eingerichtet, ist der Abenteuerspielplatz, auch Bau- oder Robinsonspielplatz genannt, noch eine Seltenheit und bei weitem nicht so bekannt, wie er es verdient. Ebenso wie ein Freibad ein vom Bademeister beaufsichtigter Ersatz für die naturgegebenen Badegelegenheiten an See oder Fluß ist, so stellt ein Abenteuerspielplatz einen Ersatz dar für die Ödlandflächen und Gerümpelhöfe, die den Stadtkindern heute nicht mehr zur Verfügung stehen. Auf kleinem Raum können da die Kinder Höhlen graben, Häuschen bauen, Feuer anzünden, sägen, nageln, malen. Ein Betreuer ist dabei. Er verteilt Werkzeug und Ratschläge, verhütet allzu gewagte Dummheiten, beschützt die Schwachen und vertritt seinen Spielplatz nach außen.

Auf solchen Plätzen begegnen Hochhauskinder den Elementen. Zusammen mit Kindern aus allzu gepflegter Umgebung können sie ihre Kräfte an dicken Pfosten und groben Zimmermannsnägeln erproben. Einzelkinder üben soziale Verhaltensweisen. Zaghafte gewinnen Selbstvertrauen. Verwahrloste und Zukurzgekommene erfahren Zuwendung, Lob und Ermutigung. Alle lernen Werkzeug handhaben und entwickeln Materialgefühl. Ängste werden überwunden, Gefahren abgeschätzt und angemessene Risiken eingegangen. Auf einem Baseler Robinsonplatz wird das heißgeliebte Pony durch eine Gruppe Gastarbeiterkinder verantwortlich betreut. Ein ehrenvolles Amt, das diesen Kindern Ansehen schafft.

Eine weitere Möglichkeit zum Abreagieren gestauter aggressiver oder zerstörerischer Triebe bieten gesunde Leibesübungen wie Schwimmen, Wintersport, Bodenturnen, Ringen oder Reiten. Doch wird es immer die Sache der Eltern sein, begabte Kinder vor dem Ehrgeiz der Trainer und deren kommerziell interessierten Hintermännern zu schützen. Welche Sportarten man wählt, welches bevorzugte Spiel die Tage der Kindheit und Jugend beherrscht, kann das weitere Leben entscheidend beeinflussen.

Das Folgende steht bei Lincoln Steffens[7] und hat sich vor hundert Jahren zugetragen.

»Mein Leben zu Pferde vom achten bis zum fünfzehnten Lebensjahr war glücklich, frei, unabhängig, voller Poesie, voller Abenteuer und in einem gewissen Sinne auch voll nützlicher Erfahrungen. Ob mein Vater nach einem pädagogischen Grundsatz handelte, als er mir das Pferd schenkte, oder einfach meinen Bitten nachgab, weiß ich nicht. Aber ein paar Vorstellungen hatte er bestimmt...

Gerade damals hatte ich begonnen, mich an Knabenspielen zu beteiligen: Murmeln, Kreisel, Baseball, Fußball, und ich sehe noch Vater vor mir, wie er auf dem Nachhauseweg stehenblieb, um uns zuzusehen. Gewöhnlich schüttelte er den Kopf. Er sagte nichts, aber ich wußte, daß er diese Spiele nicht gern sah. Heute glaube ich, er meinte, daß wir um Geld spielten, und das betrachtete er mit Recht als eine Gefahr.

Dieses Laster war ein Überbleibsel der kalifornischen Goldrauschzeit; der neue Typ von Geschäftsleuten war dagegen. Mein Vater mußte einmal einen von ihm sehr geschätzten Buchhalter wegen seiner großen Einsätze am Spieltisch entlassen. Vielleicht schenkte er mir das Pony, um mich vom Spielen um Geld abzuhalten und mich von der Straße wegzukriegen und statt dessen aufs Land reiten zu lassen. Aber das Geschenk hatte noch eine andere Folge, die er nicht vorhergesehen hatte.

Seit dieses gesegnete Pony erschienen war, spielte ich nie wieder beim ›Handeln‹ mit, bei jenen Spielen, die nach meiner heutigen Meinung nicht nur eine Vorschule des Glücksspiels, sondern auch geschäftlicher Tätigkeit sind. Knaben handeln eifrig mit Murmeln, Kreiseln, Messern und anderen Werkzeugen und Besitztümern des Knabenalters. Geborene Händler erkennen dabei ihre Anlagen, und die andern fassen eine Zuneigung zum Handel: Sie entwickeln den Sinn für das Überlisten des anderen an der Börse und stärken den Instinkt für Gewinn. Ob das nun wünschenswert ist oder nicht, jedenfalls ging ich nie durch diese Schule: Niemals entwikkelte ich irgendeinen Geschäftssinn, aller Handel war mir zuwider. Das hatte mein Vater nicht gewollt. Wie enttäuscht war er später, als er mir anbot, im Geschäft zu bleiben, bis ich sein Nachfolger werden konnte, und ich die ›glänzende Aussicht‹ verächtlich zurückwies! ›Geschäft? Nie und nimmer!‹ Mein Pony führte mich nicht nur vom Geschäftsleben fort, sondern überhaupt von der großen Masse und von allen Masseninstinkten. In der Schule geschieht alles, um das Menschentier geneigt zu machen, das zu sagen, was die Masse sagt, das zu tun, was die Führer befehlen, und überhaupt mit der Menge zu gehen. Der Schulspielplatz hat seine Moden, Gesetze, Gebräuche und tyrannischen Konventionen ganz wie die Kleinstadt. An mir ging das alles vorbei. Ich ordnete mich nie unter, ich unterwarf mich so wenig den Idealen und der Disziplin der Mitschüler wie denen der Lehrer. Darum brachte ich es später immer fertig, während einer Börsenpanik Aktien zu kaufen und sie zu verkaufen, wenn das große Publikum kaufte. Ich war nicht immer stark genug, mich der öffentlichen Meinung entgegenzustemmen, aber ich konnte ihr immer den Rücken kehren. Ich glaube, daß ich das als Knabe gelernt habe, als mir der Pferderücken wichtiger war als der Schulhof.«

Mit Menschen zu leben muß man lernen. Dem einen fällt es leicht, dem anderen schwer; die Umstände werden dem Miteinanderauskommen einmal günstig, ein andermal ungünstig sein – zuweilen läßt der Friede sich nur durch Opfer erhalten. Wer nicht merkt, mit wem er es zu tun hat, erlebt böse Überraschungen.

Gesellschaftsspiele im eigentlichen Sinn, Geländespiele, überhaupt Spiele, die man nur zu mehreren spielen kann, vermitteln Fähigkeiten und Erkenntnisse für das Leben in der menschlichen Gesellschaft – und vor allem die Einsicht, daß man die anderen braucht. Allein kann man diese Spiele nicht spielen. Soll man sich denn vor sich selber verstecken oder sich selber fangen? Auch das Brettspiel »rechte Hand gegen linke Hand« wird nie so recht spannend.

Also gilt es, Kameraden zu finden; und schon muß das Kind lernen, sich so zu verhalten, daß die anderen auch mit ihm spielen mögen. Es lernt – je nachdem – nachgeben oder anführen, im günstigsten Falle sogar beides. Hoffentlich lernt es auch die schwere Kunst des Verlierens!

Es gibt da Naturtalente, die Spiel um Spiel bei bester Laune verlieren können – einen ganzen Abend lang! Das sind die Kontaktfreudigen, denen die Gesellschaft wichtiger und interessanter ist als ein gewonnenes Spiel. Andere sind da, denen muß man in jeder Weise helfen, daß sie nicht allemal die Laune verlieren und zum Spielverderber werden, sobald das Glück sie verläßt. Man kann ihnen klarmachen, welch eine vornehme Kunst es ist, mit Anstand zu verlieren; aber vor allem sollte man sie lehren, wichtige und unwichtige Dinge richtig gegeneinander abzuwägen – und nicht etwa um eines Spiels willen einen Freund zu verlieren.

Wie bei so vielen anderen Gelegenheiten mag auch hier der Spruch von der Ewigkeit hilfreich sein:

»Ewigkeit,
in die Zeit
leuchte hell herein,
daß uns werde klein das Kleine
und das Große groß erscheine...«

Wenn nun der Bann gebrochen ist und unser Kind mitspielt, da erwirbt es eine Reihe Fähigkeiten, die ihm helfen, im Leben zu bestehen.

Menschenbeurteilung wird geübt. Beim Anschlagverstecken etwa kommt es gar sehr darauf an, wer gerade am Suchen ist; der eine fällt immer wieder auf den Trick mit der Hausecke rein, während der andere so flink die Stellung wechselt, daß nur ein sehr gutes Versteck eine Chance zum »Freischlagen« bietet. Wo zwei Anführer sich aus der Kinderschar ihre Mannschaft abwechselnd auswählen dürfen, wird scharf geurteilt und geschickt abgewogen, bis zuletzt die Kleinen und Ungeschickten noch gerecht auf beide Gruppen verteilt werden. Nicht nur die Beurteilung der Fähigkeiten und der Einsatz eines jeden je nach seinen Gaben werden geübt: »Du bist dünn und flink, du gehst als Späher – du bist so stark, du bewachst die Gefangenen!« Auch die Kleinen und Schwachen werden ihren geringen Möglichkeiten entsprechend eingesetzt und berücksichtigt.

Auf Selbstbeurteilung ist die Aufteilung in zwei Parteien bei den Kindern im russischen Kolchos-Dorf aufgebaut. Ich folge der Schilderung von W. Ssolouchin:[9]

Diese russischen Kinder tun sich paarweise zusammen, immer zwei gleichwertige Kämpfer. Dann denkt sich jedes Paar zwei Worte aus, die wiederum zusammenpassen. Einer ist etwa das Gatter, der andere der Zaun. Einer der Stall, der andere die Scheune. So treten sie vor die beiden zuvor bestimmten und natürlich gleichstarken Häuptlinge und fragen den einen: »Willst du Gatter oder Zaun?« »Gatter!« mag er antworten; und der Junge der »Gatter« gewählt hatte, stellt sich hinter ihn, der mit »Zaun« kommt zur anderen Partei. So tritt Paar um Paar vor die Häuptlinge und fragt bald den einen, bald den andern:

»Nagel oder Hufeisen?«

»Pflug oder Egge?«

»Wald oder Fluß?«

Die Mädchen wählen zartere Sinnbilder:

»Flieder oder Holunder?«

»Kornblume oder Vergißmeinnicht?«

»Rot oder blau?«

Der Enderfolg ist der gleiche wie bei unserem mehr autoritativen Auswahlverfahren: Es stehen sich zum Schluß zwei gleichstarke Gruppen gegenüber. Nur ist das Aufteilen der Kinderschar im Kolchos schon ein anregendes Spiel für sich.

Vor Jahren gründeten fünf Geschwister einen »Tugendbund«, der ungefähr zwei Jahre lang bestand. Die Anregung kam von einem Unterprimaner, der als Pensionär in der Familie lebte. Die älteste Schwester war ebenfalls schon Unterprimanerin. Unter großer Heiterkeit wurden die Statuten aufgestellt und Ämter und Funktionen weise verteilt.

Zum Vorstand, der wenig zu tun (und zu sagen!) hatte, wurde der dreizehnjährige Bruder bestimmt. Geschäftsführer war jener nicht zur Familie gehörende Pensionär, dem die nötige Neutralität und Autorität zum Schlichten von Streitigkeiten zugetraut wurden. Rechnerin war die älteste Schwester. Ihr oblag es auch, vor Tisch sämtliche Hände auf tadellose Sauberkeit zu kontrollieren. Heilgehilfin und wohl auch Sportreferentin war die sechzehnjährige Schwester. Der zehnjährige Bruder machte den Vereinsdiener, während das kleinste Schwesterchen von acht Jahren als *das* ordentliche Mitglied geführt wurde.

Die Eltern und die Hausgehilfin wurden zu Ehrenmitgliedern ernannt und durften sich diese Ehre monatlich vierzig Pfennig Beitrag kosten lassen – die andern zahlten halb so viel.

Die Ziele des »Tugendbundes« waren schlicht und edel: Erziehung zu Ordnung und Reinlichkeit, Anstand und Kameradschaft. Auch die Weiterbildung wurde als Ziel genannt.

Mit Geldstrafen geahndet wurden Verstöße, als da waren: Flecken auf dem Tischtuch, unsaubere Hände, Unordnung auf dem Bücherschaft, Tyrannisieren der Geschwister, Vorspiegelung falscher Tatsachen, geheuchelte Märtyrermienen, Mißbrauch der Autorität. Gute Taten konnten belobt und, selten, sogar belohnt werden: etwa das Ermorden von Schnaken. Kulturelle Veranstaltungen gehörten zum Programm des »Bundes«. Musikalische Darbietungen wechselten mit Theater; es wurde »Der Handschuh« von Schiller im geräumigen Treppenhaus aufgeführt – die Heilgehilfin als Leu sei recht eindrucksvoll gewesen. Auch »Der Fischer« von Goethe wurde gespielt. Ein Referat über die Mäuse erweiterte die Kenntnisse der Mitglieder.

Da zum Kreise unserer Mitmenschen nicht nur kleine und ungeschickte, sondern auch die geistig und körperlich behinderten unlösbar dazugehören, ist es nicht richtig, deren Dasein den gesunden Kindern verbergen zu wollen.

Sie finden sich oft leichter mit ihnen zurecht als mancher Erwachsene, und sie erfinden Spiele, die den behinderten Gefährten mit einbeziehen. Ein solches Spiel schildert die Volkserzählerin Clara Viebig in der kurzen Erzählung »Das Miseräbelchen«[10]:

»Du lieber Gott, was für ein armseliges Kind war der Christoph Nepomuk! Er hatte einen Buckel auf dem Rücken und einen Buckel auf der Brust, die dünnen schlotternden Beinchen trugen den Körper kaum, und zwischen den hohen Schultern saß der dicke Kopf mit dem zwerghaft alten Gesicht ... Um den Mund zogen tiefe Falten, ach, und die großen, schwarzen Augen blickten nicht kinderfroh ... in die Welt. Was nutzte es dem Christoph Nepomuk, daß er zwei schöne Heilige zu Paten hatte?! – ›Ein Miseräbelchen‹ sagten die Leute.«

Für die früh verwitwete Mutter, die im mühseligen Taglohn ihr karges Brot erwirbt, ist das Kind eine schwere Last. Den ganzen Tag muß sie es allein lassen, und sonntags zündet sie wohl ein dünnes Licht unter dem Muttergottesbild in der Bergkapelle an: »Heilige Moddergott's, bitt for ons! Heilige Moddergott's, laß hän bal en Engelche gänn!« Und damit meinte sie das Miseräbelchen.

An schönen sonnigen Tagen schleppt sich der verlassene Kleine wohl zum Nachbarhaus, wo er seine treuen Spielgefährten Toni und Josepha herausruft. »Die zwei Kinder faßten den kleinen Krüppel in die Mitte, sie schleppten ihn ein Stück weiter, bis hinüber zu dem grünen Rasenfleck, auf dem die Kuckucksblumen blühten, Himmelsschlüssel und Schaumkraut, Hahnenfuß und Sonnenröschen.

Dort saßen die drei nieder. Die Josepha pflückte von den gelben Blumen, steckte die Stiele ineinander und machte eine lange Kette, die hing sie dem Miseräbelchen um den Hals. ›Nau biste su schien, Miseräbelchen‹, sagte sie, ›nau spille mer Prozession!‹

Das waren glückliche Stunden für den Christoph Nepomuk! Er saß im warmen Sonnenschein auf dem weichen Rasen und spielte ›heiliger Christophorus‹. Der Toni und die Josepha zogen an ihm vorbei, langsamen Schritts, statt des Lichts eine gelbe Blume in der Hand; sie plapperten und kreuzten sich, knicksten und beteten: ›Heiliger Christophorus, bitt for ons! Heiliger Christophorus, laß dat Miseräbelchen bal en Engelche gänn!‹

Und das Miseräbelchen nickte seelenvergnügt mit dem Kopf; es war zu schön!«

Zweierlei ist aus dieser kurzen Episode zu sehen: Das dem Kultus entstammende Prozessionsspiel, wobei der Darsteller des heiligen Christophorus ganz unbefangen gleichzeitig der Gegenstand der Fürbitte ist, welche er zu erhören aufgerufen wird.

Zum anderen wird gezeigt, wie selbstverständlich Kinder einen behinderten Spielkameraden in ihre Spiele einbeziehen können.

Jemand erzählte mir, ohne den Ort zu nennen: In einer Schule hießen die bisherigen Erstkläßler die Schulneulinge mit einer kleinen Feier willkommen. Schließlich wurde ein Ringelreihen vorgetanzt, und die Neuen wurden aufgefordert: »Kommt und tanzt mit uns!« Schüchtern blieben die Kleinen bei ihren Müttern stehen; nur eins trat vor, ein Contergankind ohne Ärmchen! Lehrerin und Mütter hielten den Atem an – die Kinder aber faßten das Kleine rechts und links am Röckchen an und tanzten fröhlich los.

Jacques Lusseyran, der in seinem achten Lebensjahr das Augenlicht verlor, schreibt in seiner wunderbaren Selbstbiographie:[11]

»Wie aber konnte ich jetzt um die Wette rennen? Darauf verzichten konnte ich nicht, und allein war es nicht möglich. Ich mußte einen gleichaltrigen Rennpartner finden, und nichts sollte leichter sein. Man denkt immer, die meisten Kinder seien nicht hilfsbereit und haßten es, in ihrem Spielen von einem ›Invaliden‹, wie es die Erwachsenen nennen, behindert zu werden. Ich kann jedoch fest bezeugen, daß es für Kinder keine Invaliden gibt. Die gescheiten Jungen verabscheuen die einfältigen, die kühnen meiden die Hasenfüße, das ist alles. Weder Augen noch Beine fallen dabei ins Gewicht.

Es ist mir niemals vorgekommen, daß ein Junge aus Juvardeil mir seine Hand oder seinen Arm verweigert oder sie mir nur mürrisch überlassen hätte. Sie stritten sich sogar gelegentlich, welcher von ihnen diesmal das Recht haben solle, mich an der Schulter zu nehmen und mit mir zu rennen, so schnell unsere Beine uns trügen.«

Wo in einem Kinderkreis ein behindertes Kind auftritt, soll man darauf hinwirken, daß immer wieder ein Spiel eingeschoben wird, wo dieses auch mitmachen kann. Zum Beispiel das Spiel für jedes Lebensalter, »Tip«, das einmal im »Elternbrief«[12] geschildert wurde und das hier für solche Gelegenheiten wärmstens empfohlen wird:

Auf dem Tisch sind kleine Schleckereien: Rosinen, Nüßchen, Keks, Kirschen, Schokolade oder ein winziges Gläschen Saft. Einer geht vor die Tür, und die anderen bestimmen ein Stückchen zum »Tip«. Der eine kommt herein und heimst Stück um Stück ein, bis er an »Tip« kommt und aufhören muß – vielleicht schon beim ersten Versuch! Das Angebot wird ergänzt, und der nächste geht hinaus.

Hier hat jeder die gleiche Chance, und die soziale Rücksichtnahme auf Schwächere erfordert weiter kein Opfer. Bei Versteckspiel und Bilderlotto z. B. lernen die Kinder dann, den Schwächeren auch mal freiwillig gewinnen zu lassen. Dabei muß man zuweilen ein wenig einwirken.

Wenn recht viele Menschen in ihrer Kindheit schon lernen, die Rechte des Schwächeren zu vertreten und ihre Spiele so einzurichten, daß keiner ausgeschlossen werden muß, so mag das auf die Dauer einen Beitrag zum Weltfrieden bedeuten. Wo keine unterdrückten Minderheiten verbittert leiden und keine Karriereleute »über Leichen gehen«, ist schon viel gewonnen: Je nach Vorbild kann der eine oder der andere Weg schon in den Nachahmungsspielen der frühen Kindheit eingeschlagen werden.

In der strengen Trennung von Andersartigen, Minderbegabten, Schwächeren dürfte die Problematik der

»Förderklassen für Hochbegabte« liegen. In solchen Klassen züchten wir uns eine Führungsschicht, die soziales Verhalten, soziale Verantwortung in der Jugend weder geübt, noch überhaupt nur kennengelernt hat. Wollen wir das?

Besser ist es bestimmt, wenn der Kreis bunt gemischt ist, wenn jedes Kind die Gelegenheit hat, im Umgang mit Überlegenen und Schwachen, mit Groben und Sanften, mit Mutigen und Zaghaften zu lernen, wie man mit Menschen lebt, und so die Grundlage zu erwerben für psychologisches, soziales und – diplomatisches Verhalten. An Waldorfschulen ist der buntgemischte Kreis die Regel. Weder die Hochbegabten noch die weniger Begabten werden von ihren Jahrgängen getrennt; lediglich Schüler, die einer Sonderbehandlung bedürfen, werden in einer Hilfsklasse gefördert.

Aber nicht nur mit der eigenen Person – Zug um Zug durch Nachahmung, im geselligen Spiel, im Rollenspiel – wird Menschenwelt erspielt. Eine andere Möglichkeit ist die, daß die Kinder nicht selbst unmittelbar alles durchführen und in jede Rolle schlüpfen, sondern Abbilder benutzen, mit denen sie alles nachspielen, was um sie her geschieht oder wovon sie bewegt sind. Aus der ganzen Welt und schon aus sehr alten Zeiten kennt man solche Spiele, die vor dem kultischen Bereich ebensowenig Halt machen wie die Rollenspiele, ja vielleicht sogar ursprünglich aus dem kultischen oder magischen Bereich hervorgegangen sein mögen. In Deutschland konnte man zeitweise Püppchen und Gerät speziell für das Nachspielen der Messe kaufen: Priester, Mönche, Nönnchen und Laien jeden Standes.

Mit Abbildern spielen Kinder heute wie eh und je. Da gibt es Herde und Hirt, Bauernhof mit Mensch, Vieh und Gerät, die unabsehbaren Heere der Spielsoldaten aller Zeiten, Puppenstubenfamilien, Fuhrleute mit Roß und Wagen, Kreuzritter mit stolzen Burgen, die Arche Noah mit Mensch und Tieren, »immer ein Männlein und ein Weiblein«, Autos jeder Güte mit und ohne Chauffeur, Eisenbahnen, Schiffe, Flugzeuge, Raketen. Mit all diesen Spielsachen wird »Menschenwelt« gespielt, wobei der Phantasie mehr oder weniger oder kaum noch Spielraum gelassen wird.

Manche Kinder haben eine so starke und schöpferische Phantasie, daß sie die zum Spielen nötigen Abbilder und Requisiten einfach aus dem Nichts erschaffen und benützen. Da wird mit der unsichtbaren Ladenkasse geklingelt und mit leeren Händchen Zucker und Salz abgewogen und verkauft, daß es eine Art hat. Ich habe bei verschiedenen Kindern erlebt, daß sie strahlend ankamen und mir die offenen oder sorgsam zum Gehäuse geschlossenen Händchen darboten: »Ich schenk dir was!« oder »Ich bring dir was!« Wir tun gut daran, uns solche Gaben so genau beschreiben zu lassen, daß wir sie uns vorstellen können, und sie dann mit Dank entgegenzunehmen und so lange pfleglich zu behandeln, wie sie in der Phantasie des Kindes noch existieren. Das unsichtbare Schmuckstück wird vor dem Spiegel angelegt, der Phantasiekuchen verspeist und köstlich gefunden. Das unsichtbare Nest voll junger Vögelchen aber kommt auf die äußere Fensterbank, »damit die Alte sie füttern kann«.

Solche Phantasiespiele fördern die geistige Beweglichkeit und die sprachliche Ausdrucksfähigkeit. Freilich, es kommt auch vor, daß Phantasiegebilde Furcht und Schrecken erregen. Auch da ist es am besten, man nimmt sie ernst und tut etwas zu ihrer Überwindung.

Einmal kam ich in meine Wohnküche und fand meine beiden kleinen Buben verstört vor dem Schrank kauern: »Mutter, unterm Küchentisch sitzt ein Wolf!« Sofort ergriff ich Vatis schweren Exkursionsstiefel, zielte und schmetterte ihn mit Krach unter den Tisch: »So, jetzt ist der Wolf tot.« Befriedigt spielten meine Bübchen weiter und vergaßen den drohenden wie den toten Wolf.

Nicht jedes Phantasieschrecknis ist so leicht zu erledigen.

Manchmal kann eine Beschwörung helfen. Nach dem Vorlesen der bei vielen Kindern ungeheuer beliebten zweiten Studierzimmerszene aus Faust I, wo der Pudel als fahrender Schüler aus der Beschwörung hervorgeht und dann wegen des Drudenfußes auf der Schwelle das Zimmer nicht verlassen kann –, da ließ sich der phantasievollste meiner Söhne das Pentagramm aufzeichnen. Er erlernte es selbst und bemalte sein Bettchen und die

Wände seines Zimmers mit solchen Drudenfüßen zum Schutz gegen Gespenster aller Art.

Solche Maßnahmen kann man unbesorgt dulden. Das vergeht von selbst wieder. Auch das Stadium der unbegrenzten Phantasiespiele geht vorüber. War erst ein einfaches Klötzchen nach Belieben Mann, Kuh oder Brot, so wird allmählich den Abbildern größere Deutlichkeit, ja Eindeutigkeit abverlangt. Es ist drollig zu beobachten, wie etwa ein Auge oder Ohr, das bisher noch nie vermißt worden war, plötzlich mit Buntstift einem Holztierchen oder einer Zipfelpuppe aufgemalt wird.

Für die kleinen Abbilder findet das verschiedenste Material Verwendung. Aus Gold und kostbaren Steinen waren die Spielsachen der Fürstenkinder – aus Maisstroh und Lumpen die Puppen der Armen – aus Fischbein und Knochen die Spiele der Eskimokinder. Aus dem Lehm der Grube, in der ihn die Tataren gefangen halten, formt »der Gefangene im Kaukasus« (Tolstoi, Volkserzählungen) Püppchen und wirft sie zu der kleinen Tochter des Dorfvorstehers hinauf. Später hilft ihm dieses Kind zur Flucht.

Mutters Lumpenvorrat ergab das Material für Kuh, Geiß und ein sehr dickes Schwein. Ein Mädchen hatte die lieben Tiere in den Ferien kennengelernt und sie leider nicht mitnehmen dürfen. Die Mutter hat mir versichert, die Tochter habe ihre drei großen Lumpentiere sehr naturalistisch fertiggebracht und viel damit gespielt.

Holz, Metall und in letzter Zeit Plastik spielen als Werkstoff die Hauptrolle. Es folgen zwei Beispiele für Abbilder aus Papier und aus Ton bzw. Wachs.

Kügelgen in »Jugenderinnerungen eines alten Mannes«: »Das Genußreichste, was Senff (der Hauslehrer, Anm. d. Verf.) uns lehrte, war die Kunst, gewisse kleine trianguläre Gestalten, sonst Krähen genannt, aus Papier zu falten, bei deren Anfertigung jedoch der letzte vollendende Bruch so schwierig war, daß er gar nicht gelehrt werden konnte; es mußte einem vielmehr erst eine glückliche intellektuelle Anschauung kommen, oder mit anderen Worten ein großer Seifensieder aufgehen, ehe man es vermochte, die sorgfältigst vorbereitete Krähe durch jene letzte schöpferische Quetschung zu vollenden. ›Kannst du schon den letzten Bruch machen?‹ – das war lange die brennende Tagesfrage unter uns...

Inzwischen sollten jene Papierfiguren nichts weniger als Krähen darstellen, mit denen sich nichts anfangen läßt, sondern vielmehr Soldaten, als welche unsere gehorsame Phantasie sie dann auch willig gelten ließ ... Ja unser guter Wille verbiß sich dergestalt in die kleinen kantigen Gestalten, daß sie uns bei weitem natürlicher erschienen, als jene bleiernen Flachköpfe, die das Ansehen haben, als seien sie aus Herbarien entronnen. Durch verschiedene Papierfarbe und kleine Veränderungen im Bruch stellten wir nun alle Waffengattungen, selbst Reiter dar, da Senff die Erfindung gemacht hatte, jene Soldaten durch eine höchst geniale allerletzte Manipulation dergestalt zu verändern und auszudehnen, daß sie ... Pferden reichlich so ähnlich sahen als früher Menschen. Man brauchte eben nur das Fußvolk darauf zu setzen.«

An Weihnachten nach der Bescherung führt der Hauslehrer die Gesellschaft in den Vorsaal des Hinterhauses: »... und hier hatte Senff auf der Diele aus kleinen von Papier gemachten Häusern, Palästen und Moscheen die Stadt Konstantinopel aufgebaut. Man konnte nichts Saubereres sehen als diese Papierstadt. Dicht gestreuter weißer Sand bezeichnete das Land, blauer das Meer, das von kleinen Schiffen belebt war.

Nachdem nun Senff eine skizzenhafte Erklärung der hervorragendsten Punkte gegeben, bemerkte er, daß Konstantinopel häufig abzubrennen pflege, und damit legte er einen Zunder unter das erste Haus der Vorstadt Pera. Bald brach die Flamme aus, ergriff das nächste Gebäude und die ganze Straße, verzweigte sich nach anderen Straßen, sprang in die Brunnen, die mit Spiritus gefüllt waren und verbreitete sich über die ganze Stadt. Zuletzt wurde das Serail ergriffen, dessen zahlreiche Türmchen als Miniaturfeuerwerk aufsprühten, die Vorstellung mit Knalleffekt beschließend.«

Vielleicht denkt der Leser nun bedauernd, wie schade es um die mühsame und saubere Arbeit des tüchtigen Lehrers sei, die da so kurzerhand vernichtet wurde. Aber solche Opfer des Erziehers sind Samenkörner, die bald zu keimen pflegen, und Kügelgen fährt fort: »... Natürlich waren wir begierig, alles nachzumachen, von den kleinen Nußlampen an bis zu den kleinen Schiffen und Papiergebäuden: Die Festungen und Städte, die wir für unsere ... Spiele bis dahin nur als Grundrisse verzeichnet hatten, erhoben sich jetzt zu allen Dimensionen des Raumes, und wir nahmen zu an mancherlei Kenntnis und Geschicklichkeit.«

Hätte der originelle Hauslehrer die mit so viel Liebe erstellte Stadt seinen Zöglingen einfach zum Spielen überlassen, das Ergebnis wäre verwässert worden; das anfängliche Entzücken wäre der Gewöhnung gewichen, und eins nach dem andern wären die zerspielten Häuslein und Paläste erst der Vergessenheit und dann dem Ofen verfallen. So aber setzte sich das Opfer des Erziehers sofort um in schöpferische Bemühungen der Kinder.

Das zweite Beispiel ist aus dem auch heute lesenswerten Buch von Helene Christaller: »Als Mutter ein Kind war«[13], geschrieben für die Kinder einer jung verstorbenen Tochter:

»Die Kinder spielten im Garten. Sie hatten ein herrliches Spiel entdeckt. Vor dem Dorf war eine Lehmgrube, da hatten sie ihr Wägelchen voll Lehm geholt und schufen Menschen und Tiere, wie weiland der Liebe Gott am Anfang der Welt. Walter hatte eine ganze Stadt aus Lehmerde geformt, mit Kirche, Schule, Wirtshaus, Brunnen und Backhaus. Dazwischen steckte er grüne Buchszweige als Bäume. Die Trudel formte Tiere, Kühe mit Kälbchen, Katze und Hund. Die Erika hatte ein Nestchen gemacht mit vier Lehmeierchen drin und einem Vögelchen drauf. Else aber versuchte sich am Menschen. Die Kinder sahen wie Schweinchen aus, von oben bis unten mit Lehm befleckt. Doch sie glühten vor Schöpferwonne und fanden schließlich, daß alles sehr gut war. Dieses Spiel ging weiter, bis eines Morgens der Lehm gefroren war. Da brachte der Vater als Ersatz ein paar Tafeln rotbraunes Modellierwachs mit. Damit ließen sich nun die Figuren noch viel schöner formen als mit Lehm. Nur leider war das Material nicht unerschöpflich.

Von da ab stand auf jedem Wunschzettel an erster Stelle das Wort: Wachs. Manchmal sogar dringlich: viel Wachs. Und später wurde schwarzes Wachs neben dem rotbraunen begehrt, um ausdrucksvolle Haare, schwarze Pferde und Hunde zu machen.

Zuerst wechselten die Wachsspiele.

Da gab es Adam und Eva im Paradies mit sämtlichen Tieren. Dann war da die Arche Noah.

Ein andermal trat der Kaiser Nero auf mit vielen Sklaven, dem Zirkus, den wilden Tieren und Christen, die verfolgt und gepeinigt wurden. Ein riesiger Löwe, von Trude sehr naturwahr geformt, hatte einen aufklappbaren Bauch, damit er auch das zarte Christenmädchen mit den langen schwarzen Haaren und dem weißen Unschuldskleid aus Seidenpapier wirklich auffressen könnte. Diese grausige Szene wurde von einem blumengeschmückten Himmelsspiel abgelöst, in dem es große und kleine Engel gab, Jungfrau Maria und Heilige.

Als die älteste Schwester ›Die letzten Tage von Pompeji‹ gelesen und den Geschwistern erzählt hatte, entstanden die Gestalten dieses Buches.

Der böse ägyptische Zauberer Arbaces, die blinde Lydia, der schöne Glamus ... Walter hatte den Berg Vesuv Feuer speien lassen, was beinah ein Unglück gegeben hätte. Danach kam ›Der letzte Mohikaner‹, und die Indianer wurden herrlich geschmückt mit kleinen ausgefallenen Hühnerfederchen aus dem Hühnerhof.

Märchen wechselten mit germanischen Heldensagen. Der griechische Olymp mit seinen Göttern und Göttinnen wurde abgelöst von den Wundern von 1001 Nacht. Joseph und seine Brüder gingen dramatisch über die Bretter, und das Töchterlein des Jairus erstand von seinem Lager.

Man wird begreifen, daß man viel Wachs zu diesem Spiel brauchte und daß dieses wirklich für viele Jahre unerschöpflich blieb. Es kam ein Punkt, wo das Spiel sich änderte, es wurde nicht immer wieder abgebrochen, um neu zu beginnen, sondern es behandelte nun die Geschichte einer ganzen Stadt mit vielen Einzelschicksalen und Familiengeschichten.

Bei den Tannen im Garten entstanden kleine Häuser und Kirchen, Theater, Rathaus und öffentliche Bäder, Gefängnis, Gärten – sogar einen Folterturm gab es. Das Material zu den Häuschen waren Backsteine, Schiefer, Holzbrettchen und allerlei bunte Scherben aus dem Kehricht. Die Stadt führte der Mutter zu Ehren den Namen

Ennepolis, und über sie herrschten die Kinder als die vier Götter der Stadt. Der Gott Walter hatte unter seinen Befugnissen die Verfassung, Verwaltung und Regierung der Stadt, während die Mädchen sich mehr mit den Schicksalen ihrer Menschen befaßten, neue schufen, Heiraten stifteten, Schulen gründeten, niedliche Möbel bastelten und sehr viele Kinder in die Welt setzten.«

Dieses Spiel wurde jahrelang fortgesetzt, bis der Bruder mit 13 Jahren in eine auswärtige Schule gehen mußte.

Ein derart ausgedehntes Menschenspiel wird heute schon zeitlich und räumlich nur sehr wenigen Kindern möglich sein. Aber immer wieder können schnell modellierte Wachsfiguren helfen, einer Geschichte oder einer Erinnerung Anschaulichkeit zu verleihen. Durch das Plastizieren werden so viele Kräfte im Kind geweckt, daß Ton und Wachs zum wichtigsten Spielzeug gehören.

Möglicherweise denken meine Leser nun, mit all diesen vielfältigen Spielen, welche die Kinder angeblich brauchen, werde den Eltern ja doch allerhand zugemutet. So ist es auch.

Zumindest in der Stadt erfordert es einen wirklichen Einsatz, wenn man seinen Kindern ermöglichen will, ihre Umgebung im Spiel zu erobern. Glücklicherweise gibt es viele Elternpaare, denen es der Mühe wert erscheint und die es auch schaffen.

Weniger mühevoll und aufregend ist es, den armen Kerlchen im Kindergartenalter schon das Lesen beizubringen. Man braucht dabei selber nicht vom Sessel aufzustehen. Die Experten, die den Feldzug für das Frühlesen führen, betonen immer wieder, wie viel ruhiger und ausgeglichener die Frühlesekinder seien als die Spielkinder – gerade als ob Ruhe und Ausgeglichenheit für Kinder so wünschenswert wären!

Nun ja – die kleinen Frühleser können dann über all das nachlesen, was man ihnen vorenthalten hat. Anstatt sich Erfahrungen einzuverleiben, haben sie Wissensstoff im Kopf, und Wissensstoff dürfte ein recht unzulängliches Surrogat für Lebenserfahrung sein.

Die Sinne dieser Kinder werden um die mannigfaltigen Eindrücke gebracht, an denen sie sich bilden sollen; und während das intellektuelle Gedächtnis, die intellektuelle Lernfähigkeit intensiv gefördert und entwickelt werden, verkümmern andere Kräfte und Fähigkeiten und kommen zu kurz. Dieser Gefahr des Verkümmerns neben dem *zu früh* geförderten Intellekt sind in besonders hohem Maße die sozialen Fähigkeiten solcher Kinder ausgesetzt.

Von Zeit zu Zeit begegnet einem die Gestalt des intellektuellen Wunderkindes, das als jüngstes in seiner Schulklasse doch der beste Schüler ist und den Lehrstoff spielend bewältigt; die Mitschüler freilich mögen nichts mit ihm zu tun haben, und er interessiert sich auch nicht weiter für sie; er findet nicht den Anschluß.

So kann es das ganze Leben lang bleiben: Der Betreffende hat stets Erfolg, absolviert jedes Examen mit Glanz, bleibt aber dabei im Grunde einsam und wird zwar häufig in Sachfragen, aber nie in Lebensfragen um seinen Rat gebeten. Das liegt nicht daran, daß er der Primus war, sondern daß er es *zu früh* war, zu jung für die jeweilige Stufe. Ein Primus im normalen Alter der Klasse kann deren Anführer sein oder aber in stiller Weise gemeinschaftsfördernd wirken. Gelegenheit, *mehr* zu lernen als die Mitschüler, bleibt ihm genug.

Ein besonders ernstzunehmender Fall von einseitiger Intelligenzförderung auf Kosten der sozialen Fähigkeiten liegt bei der Amerikanerin Edith Stern vor, über die man in verschiedenen Zeitungen lesen konnte, sie habe mit zwei Jahren lesen, mit drei oder vier Jahren Schach spielen und Weltgeschichte, mit fünf Arithmetik und Philosophie gekonnt und sei mit sechzehn Jahren als Dozentin für höhere Mathematik an einem College angestellt worden. Von diesem Mädchen – ihr Bild zeigt einen dunkelhaarigen Teenager mit Babyspeck und Brille – sagte ihr Vater, sie habe kein Gefühl für die Sorgen und Freuden ihrer Mitmenschen, sei kalt und berechnend, kenne weder Reue noch Mitleid und weine nie. Der Vater, der das Wunder dieser intellektuellen Frühausbildung vollbracht hat, wollte dem jüngeren Sohn das gleiche zukommen lassen; aber die Mutter ließ es nicht zu – der Junge sollte in die Schule gehen wie andere auch und ein normales Kind werden.

Diese Mutter steht mit ihren Bedenken nicht allein. Es häufen sich die Warnungen vor der verfrühten intellektuellen Schulung der Kinder – und sie kommen von den verschiedensten Seiten.

Professor Bruno Bettelheim[14] leitet eine »Schule« für begabte verhaltensgestörte Kinder in Chicago. In seinem erschütternden Buch über all diese – z. T. unheilbar – krank *gemachten* Kinder erzählt er von einem autistischen Jungen, den man von klein auf intellektuell sehr gefördert und gefordert hatte, u. a. durch sehr frühes Lesenlernen, und bei dem *infolgedessen* die Entwicklung der sozialen Fähigkeiten »natürlich« zu kurz gekommen sei. Wenn Bruno Bettelheim diese Auswirkung des Frühlesens »natürlich« nennt, weiß er, was er sagt. Und wir sollten ihm glauben.

Wenn es so ist, daß die verfrühte Überbetonung des Intellektuellen eine Unterentwicklung der sozialen Fähigkeiten häufig im Gefolge hat oder gar bewirkt, so sollten wir uns wohl bedenken, ob in den Frühlesekindergärten nicht am Ende eine Generation heranwächst, die uns, wenn wir einmal alt sind und unser Nutzen nicht mehr berechenbar ist, auf schmerzlose und sehr humane Weise umbringen wird.

Nicht die intellektuellen Fähigkeiten, sondern vielmehr die sozialen Kräfte der Menschen sind es, die ihnen das Leben auf dieser Erde für die Zukunft überhaupt noch ermöglichen werden; daran sollte man denken, wo junge Menschen aufwachsen. Berechnungen aller Art können wir zwar von Computern erledigen lassen, soziale Phantasie, moralische Phantasie werden diese unsere technischen Sklaven nie entwickeln – die müssen wir selber aufbringen!

Von den vielen Dingen und Erscheinungen, die ein Vorschulkind kennen und richtig ansprechen kann, ohne daß es dadurch intellektuell zu früh gefordert und belastet wird, möchte ich eine kleine Auswahl aufzählen: Jahreszeiten – Mondphasen – Wetter und Niederschläge. Zwei bis vier Sternbilder (Orion, Großer Bär) – sämtliches Obst und Gemüse vom Markt – die Getreidearten und was man daraus macht – einige Wald- und Parkbäume, Ziersträucher und Blumen, falls die Eltern sie kennen! Die wichtigsten und gefährlichsten Giftpflanzen: Ein einziger Schüler einer zweiten Klasse erkannte auf einem Schulausflug die Tollkirsche und hielt seine Mitschüler vom Genuß der vermeintlichen Heidelbeeren ab. Die Lehrerin kannte sie nur dem Namen nach. Ein paar Hunderassen – alle Vögel, die zur Futterstelle kommen. Allerdings: zu einer Familie, die im Märkischen Viertel von Berlin im 13. Stock wohnt, kommt *manchmal* eine Taube ans Fenster. Sonst, wurde mir versichert, sehen sie jahraus jahrein kein freilebendes Tier.

Die Namen aller im Haus und in der Nachbarschaft vorkommenden Gegenstände und Tätigkeiten – die Erwachsenen müssen eben das alles mit den richtigen Ausdrücken beschreiben und begründen. Haben Handwerker im Haus zu tun, so erfährt man Werkzeugnamen und sieht, wie so manches gemacht wird. Beim Zuschauen kann man vieles lernen. Ist ein Neubau in der Nähe, so wird das Kind dessen Fortschreiten beobachten, wird Maschinen und Arbeitsvorgänge kennen und benennen lernen – vorausgesetzt, jemand zeigt und erklärt sie ihm.

Zur seelischen Bewältigung des Gelernten und Erfahrenen braucht das Kind Zeit, Wiederholungen und zusätzliche Erklärungen. Wer zu bequem, zu müde, zu beschäftigt oder zu nervös ist, um auf die Fragen seiner Kinder eingehend zu antworten, und zwar so, daß sie wirklich das erfahren, was sie zu erfahren hoffen und für das Verständnis brauchen, der dressiert ihnen die Lernbegier ab und erzieht sie zur Interesselosigkeit. Da hilft dann auch kein noch so aufwendiges »didaktisches Spielzeug«.

Nun möchte ich noch einiges von dem anführen, was ein Kind schon selbst machen kann und – können sollte, ehe es zur Schule geht. Besonders wichtig: Schleifen binden, z. B. an Schuhen. Die Methode, nach der es eine mir bekannte Zweijährige gelernt hat, ist folgende: Erst wird der einfache Knoten gemacht, sodann nimmt man die langen Enden doppelt, läßt bei jedem ein hinreichend langes Stückchen überstehen, bindet daraus wieder einen einfachen Knoten, und die Schleife ist fertig. Mit drei Jahren zieht man sich selber an und aus und braucht nur selten Hilfe. Das kann sogar ein beliebtes Spiel sein:

Eine Dreieinhalbjährige war bei Verwandten auf Besuch. Die Mutter hatte ihr Kleider eingepackt, zwei lange Hosen, drei oder vier Pullis, Unterwäsche, einen Anorak und womöglich noch ein Kleid. Bei der Tante gab es zwar schöne Spielsachen, aber was konnten die bieten gegen das ungeheure Vergnügen, endlose Variationen dieser wenigen Kleidungsstücke anzuprobieren! In stets wechselnden Kombinationen boten sie Beschäftigung und Anregung für viele Tage. Sogar nach der Heimkehr blieb Kleiderverpacken, Sich-Umkleiden und Verreisen noch geraume Zeit das bevorzugte Spiel. Glücklicherweise wandte niemand ein, Kleider seien nicht zum Spielen da. Warum eigentlich nicht? Vielleicht hat jemand, der nie mit Kleidern spielen durfte, später die größte Mühe, sich so anzuziehen, daß man auch hinsehen mag. Die eigenen Kleider und wohl auch kleine Wäschestücke lernt man schon früh ordentlich zusammenzulegen.

Tisch decken, abräumen, Geschirr spülen und abtrocknen ist selbstverständlich. Viele Fünfjährige können eine einfache Mahlzeit zubereiten. Natürlich kennen sie lustige Küchensprüchlein und -rätsel wie:

Es hat sieben Häute
und beißt alle Leute. (Zwiebel)

Ein Haus von Essen
die Tür vergessen. (Ei)

Wer hat's besser, der Kaffee oder der Tee?
Natürlich der Kaffee, der darf sich setzen, der Tee muß ziehen.

Auch Matthias Claudius wird zitiert:

– und auch das edle Sauerkraut,
wir wollen's nicht vergessen.
Ein Deutscher hat's zuerst gebaut,
drum ist's ein deutsches Essen...

Die Mutter näht. Einmal hat wohl jedes Kind mit der Schere einen Schnitt versucht – in den neuen Stoff oder ins eigene Kleidchen. Es gibt kleine Scheren aus Plastik, die wirklich nur Papier schneiden, aber man muß sie beim Kauf ausprobieren: Manche schneiden nicht einmal Papier und sind gänzlich unbrauchbar.

Dann lernt man Bilder auf Pappe sticken. Ein Vierjähriger nähte und stickte in langer Mühe eine Serviettentasche für seine geliebte Großmutter, die sie nun schon über 20 Jahre in Ehren hält und benützt.

Knöpfe annähen, gar mit Stiel, ist eine feine Sache, und, wenn es sich um Vatis Schlafanzug handelt, auch eine große Ehre. Allerdings muß der Vater sich dann auch am Abend darüber freuen und anerkennende Worte finden. Sonst verdirbt er dem Kind die Schaffensfreude. Lob, Anerkennung und Mitfreude bedeuten dem Kind die Krönung seiner Bemühungen und Erfolge. Wer sie ihm gleichgültig versagt oder gar stets nur mit Tadel, Vorschriften und Kritik bei der Hand ist, hat sein Kind nicht wirklich lieb und behindert die Entwicklung seiner körperlichen und geistigen Fähigkeiten – mag er im übrigen noch so sehr auf Intelligenzförderung aus sein.

Verhalten im Straßenverkehr *müssen* die Kinder lernen, bevor sie in die Schule kommen, damit sie am Leben bleiben. Rechts ausweichen, links abbiegen kann man mit Roller und Dreirad im Hof üben. Rechts, das ist da, wo der Lutschdaumen oder der kleine Leberfleck ist – irgendein Merkmal findet sich wohl an jedem Kinderhändchen. Verhalten an Ampeln – dabei Vorsicht, ein Junge kann rot-grün-blind sein! Also rot ist oben, grün unten.

Gut ist es, wenn die Kinder beizeiten lernen, Mängel nicht nur zu bemerken, sondern selbst zu beheben. Das Holzpflaster im Hof des Kindergartens ist zur Stolperfalle geworden, weil einzelne Blöcke sich in die Höhe geschafft haben. Der Rentner, der aus Freundlichkeit und Kinderliebe die Hecken stutzt und kleine Reparaturen ausführt, hätte wohl auch gelegentlich dieses Pflaster in Ordnung gebracht, – aber nein, dazu braucht er nicht bemüht zu werden: Eine Kindergruppe buddelt die überstehenden Blöcke aus, vertieft mit den kleinen Schäufelchen das Sandbett und setzt sie schön eben wieder ein. Ein gewissenhafter Vierjähriger kontrolliert seither täglich das Blockpflaster.

Wenige Wochen darauf haben zwei Kinder einen Hocker demoliert: Mit Holzleim und Schraubzwinge wurde der Schaden behoben, wobei die beiden aber ja kein weiteres Kind helfen lassen wollten. Das Reparieren als notwendige Folge des Beschädigens ist von hohem erzieherischen Wert, macht den kleinen »Schädlingen« sehr viel Freude und erhöht ihr Selbstvertrauen.

Wirtschaftsingenieur wurde später ein Junge, der bis zu seinem sechsten Jahr die guten Spielsachen zerbrach und verdarb, mit denen schon die Geschwister gespielt hatten. Die Trümmer wurden aufbewahrt; und mit sechs Jahren begann er, Stück um Stück mit Sorgfalt und wachsendem Geschick wieder zu reparieren und heilzumachen.

Mit Plastik-Spielzeug wäre das nicht möglich gewesen, einmal beschädigt, ist es nicht mehr zu retten und muß weggeworfen werden. Leider bekommen viele Kinder solches Spielzeug, das als einzige Spielvariante zerstört werden kann, ja selbst dem normalen Gebrauch nicht standhält, zerbricht und dann weggeworfen wird. Solche Spielsachen erziehen zu einer Gefühllosigkeit, die sich später auch im Sozialbereich auswirken kann.

Lernen muß das Kind auch, sich in seiner freien Zeit sinnvoll zu beschäftigen. Manche können das von selber und wissen mehr zu tun, als sie durchführen können. Die anderen müssen es lernen. Man muß sie anregen, ihnen Fertigkeiten beibringen. Sonst ertönt in den Schulferien der berühmte Mütterstoßseufzer: »Wenn doch bloß endlich die Schule wieder anfinge! Diese Rasselbande geht mir derartig auf die Nerven –!«

Die Arbeitszeitverkürzung bringt immer mehr Freizeit. Wo keine Interessen und Fähigkeiten entwickelt sind, was bleibt da anderes übrig als Schwarzarbeit oder passives Totschlagen der zuvor mühsam erkämpften Freizeit! Das Frühlesen nützt dabei überhaupt nichts. Auch nicht für den Beruf, denn dort kommt es darauf an, daß man recht viele verschiedene Dinge gelernt und geübt hat, um sich rasch die an dieser Stelle nötigen Spezialkenntnisse zusätzlich anzueignen.

Auch der Bildschirm ist kein Bildungsinstrument für kleine Kinder. Das Fernsehen vermittelt Informationen. Die kann ein Erwachsener verarbeiten; auch ein größeres Schulkind sollte dazu imstande sein. Für ein kleines Kind sind Informationen wertlos. Es kann sie auswendig lernen wie »lirum larum Löffelstiel...«, aber sie bedeuten ihm nichts.

Wie bedeutungslos eine Information sein kann, sagte uns ein kleines Mädchen, das mit dreieinhalb Jahren ein Brüderchen bekam. Die Mutter mußte nach der schweren Geburt lang im Krankenhaus bleiben und konnte nur vom Fenster aus ihrem Töchterchen zuwinken. Endlich kamen Mutter und Baby nach Hause. »Morgen sag' ich im Kindergarten, daß ich ein Brüderchen habe«, kündete das Mädchen an. – »Ja, hast du das noch nicht gesagt?« »Nein, ich habe es ja nicht gewußt.« – »Aber wir haben es dir doch jeden Tag immer wieder gesagt!« »Gesagt habt ihr es mir schon – aber ich habe es nicht *gewußt*.«

So ist es. Ein Kind will nicht informiert werden. Es will erleben. Es will anfassen, noch einmal schauen, nachfragen. Das alles ist vor dem Bildschirm nicht möglich. Nie kann man sagen: »Halt, bei dem großen Tier wollen wir noch stehen bleiben!« oder »Das Schäfchen wollen wir streicheln«. Noch nicht einmal das so beliebte »Nochemal!« hilft. Jede Reaktion des Kindes, jedes aktive Eingehen auf das Gebotene wird vom weiterlaufenden Programm unterdrückt, niedergewalzt und – *abdressiert*.

Absolute Passivität, die ideale Konsumentenhaltung wird gezüchtet. Da ist ein Kinofilm noch vorzuziehen. Man sieht ihn erst selber an und bereitet die Kinder darauf vor. Dann kann man zweimal oder dreimal reingehen und so ein Erlebnis entstehen lassen. Nie wird unser Ältester die »Wunder der Prärie« vergessen! Bei seinem Bruder war es Grzimeks »Serengeti«-Film, der eine Epoche der gemalten und gezeichneten Nashörner, Antilopen und Zebras einleitete.

Bildung vermittelt das Bilderbuch – aber leider nicht jedes. Ehe man seinen Kindern ein Buch gibt, sollte man es genau prüfen, ob auch alles stimmt. Die Kinder vertiefen sich in jedes Bild und finden ein unsorgfältig illustriertes Buch empörend; wenn etwa Bild und Text sich widersprechen wie bei jenem Schullesebuch für Anfänger, das ein Lehrer in einem Vortrag zeigte: Das Bild zeigt Käfigstäbe, von oben hängt ein Affe herab, man sieht nicht, an was er sich festhält. Vor dem Käfig steht ein Kind und hält eine Banane in die Höhe. Der Text lautet: Wo ist der Affe? Der Affe sitzt im Baum. Hier, eine Nuß! Komm und friß, Affe!

Ein solches Buch gehört ins Feuer und nicht in Kinderhand. Schlampige Bücher verderben den Sinn für Zusammenhänge. Ob die Illustrationen nur zart angedeutet oder fast zum Ornament stilisiert sind, stimmen müssen sie!

Da Bilderbücher mithelfen, die Welt verständlich zu machen, sollen sie Vertrauen erwecken. Selbst da, wo Phantastisches dargestellt ist, darf das Buch nicht sich selbst widersprechen, vor allem nicht aus Schlamperei.

Etwas ganz anderes ist die »verkehrte Welt«, das absichtliche Vertauschen der Begriffe: Ich nehme die Stube und kehre den Besen! Das wirkt weckend auf das Bewußtsein. In einem bestimmten Alter, selten vor dem sechsten Jahr, findet man derlei zum Kugeln witzig und probiert gern selbst solche Verkehrtheiten aus. Da werden Strümpfe und Schuhe an die Hände gezogen, die Beine fahren in die Ärmel, die Arme in die Hosenbeine, und aus dem Hosenschlitz lacht das übermütige Gesicht uns entgegen. Wie schade, wenn die Mutter schnell zur Arbeit muß und den Spaß ungeduldig als Unfug abbricht!

Größere Schulkinder können Informationen – selbst aus dem Fernsehen – verarbeiten. Es ist nur bedauerlich, daß großartige Unternehmungen wie Heyerdahls »Ra« oder Jacques Cousteaus Meeresforschungen zu später

Nachtstunde ausgestrahlt werden, während zur Kinderzeit stumpfsinnige Serien zu bewundern sind.

Die Wirkung des Fernsehens auf das Lernverhalten von Schülern konnte der Rektor einer Völklinger Volksschule in erschütternder Weise beobachten. Als das Saarland 1959 dem bundesdeutschen Wirtschaftsraum angegliedert wurde, bestand ein beträchtlicher Nachholbedarf an elektrischen Geräten. Vorher hatten nur sehr wenig Leute ein Fernsehgerät. Jener Rektor war damals wegen eines Herzinfarkts mehrere Wochen vom Schuldienst befreit. Als er seine siebte Klasse danach wieder ein paar Tage unterrichtet hatte, ließ er neun Kinder aufstehen und fragte, ob sie in der Zwischenzeit ein Fernsehgerät bekommen hätten? Acht Kinder bestätigten das. Das Neunte sagte: »Wir nicht, aber meine Oma!« So schnell hatte sich die Schädigung im Lernverhalten dieser Kinder gezeigt!

Nicht nur das Lernverhalten der Kinder, ihr Verhalten der gesamten Wirklichkeit gegenüber wird vom Fernsehen beeinflußt. Fernsehkinder lassen sich nicht so leicht beeindrucken – sie kennen ja »alles« schon vom Bildschirm her. Kennen sie es in der Tat? Wird ihnen nicht vielmehr vorgespiegelt, sie kennten es?

Mit dem Anspruch, Zeugnis von der Wirklichkeit abzulegen, tritt das Fernsehen an uns heran. Der Erwachsene, der die Wirklichkeit kennt, weiß, was er davon zu halten hat. Aber ein Kind –? Für es wird das Fernsehen zum »Falschen Zeugen« (2. Mose, 20, Vers 16):

Es kracht: Der Trickfilm-Kater wird plattgedrückt, erhebt sich aber alsbald wieder, zu neuen Schandtaten bereit.

Es kracht: Ein Cowboy wirft die Arme hoch und fällt vom Pferd.

Es kracht: Eine vietnamesische Bauernhütte fliegt in die Luft. Bildwechsel. Wozu Mitleid –?

Ein weltberühmtes Orchester gibt ein Konzert. Ein hochangesehener Gelehrter nimmt zu einem Gegenwartsproblem Stellung. Schalte um! Im anderen Programm beginnt der Serien-Krimi! Wozu Ehrfurcht – ?

Als huschende Schatten erscheinen Mörder und Opfer, der Fernsehhund Wum, ein Fußballstar, der Papst, zwei Klappmaulpuppen, die einen Apéritif anpreisen, und der Präsident der Vereinigten Staaten. Ein Knopfdruck: einer verschwindet so schnell wie der andere. Wie soll sich da in einem unerfahrenen Kind der Sinn für das Wesen, für das Ich eines anderen Menschen entwikkeln –?

PUPPEN UND DAS EIGENE ICH

Während das Kind von Spiel zu Spiel seine Umgebung, Kreis um Kreis, erobert, erfährt, sich einverleibt und vertraut macht, bilden sich seine eigenen Kräfte von Spiel zu Spiel in der feinsten und vielfältigsten Weise aus. Seine Sinne schärfen sich, es lernt, das Instrument seines Leibes zu beherrschen, es erwirbt die Fähigkeit, sich auf die mannigfaltigste Weise mit eben dieser erspielten Umwelt in Beziehung zu setzen. Das ist Ausbildung im eigentlichen Sinne dieses schönen Wortes: Etwas bisher Ungeformtes bildet sich, auf daß es sich dem Bilde nähere, das ihm als Urbeginn und als Ziel gesetzt ist: Zum Bilde Gottes schuf ER ihn.

Wenn schon alle bisher besprochenen Spiele ihre Wirkung auf den innersten Kreis, das Wesen des Kindes selbst ausüben, so gibt es doch ein Spiel, das recht eigentlich diesem innersten Kreis angehört: das Puppenspiel. *Durch die Puppe findet das Kind zu sich.* Aber zugleich wirkt die Puppe wieder so stark auf das Kind, daß es durchaus nicht einerlei ist, wie die Puppen unserer Kinder beschaffen sind.

Der bedeutende Menschenerzieher Rudolf Steiner,

der Begründer der Waldorfschulbewegung und der Heime für seelenpflegebedürftige Kinder, schreibt in seinem Buch »Erziehung des Kindes«[2]: »Wie die Muskeln der Hand stark und kräftig werden, wenn sie die ihnen gemäße Arbeit verrichten, so wird das Gehirn und werden die anderen Organe des physischen Menschenleibes in die richtigen Bahnen gelenkt, wenn sie die richtigen Eindrücke von ihrer Umgebung erhalten. Ein Beispiel wird am besten anschaulich machen, um was es sich handelt. Man kann einem Kinde eine Puppe machen, indem man eine alte Serviette zusammenwindet, aus zwei Zipfeln Beine, aus zwei anderen Zipfeln Arme fabriziert, aus einem Knoten den Kopf und dann mit Tintenklecksen Augen, Nase und Mund malt. Oder man kann eine sogenannte schöne Puppe mit echten Haaren und gemalten Wangen kaufen und sie dem Kinde geben. Es braucht hier gar nicht davon gesprochen zu werden, daß diese Puppe natürlich doch scheußlich ist und den gesunden ästhetischen Sinn für Lebenszeit zu verderben geeignet ist.

Die Haupt-Erziehungsfrage dabei ist eine andere. Wenn das Kind die zusammengewickelte Serviette vor sich hat, so muß es sich aus seiner Phantasie heraus das ergänzen, was das Ding erst als Mensch erscheinen läßt. Diese Arbeit der Phantasie wirkt bildend auf die Formen des Gehirns. Dieses schließt sich auf, wie sich die Muskeln der Hand aufschließen durch die ihnen angemessene Arbeit.

Erhält das Kind die sogenannte schöne Puppe, so hat das Gehirn nichts mehr zu tun. Es verkümmert und verdorrt, statt sich aufzuschließen.

Könnten die Menschen wie der Geistesforscher hineinschauen in das sich in seinen Formen aufbauende Gehirn, sie würden sicher ihren Kindern nur solche Spielzeuge geben, welche geeignet sind, die Bildungstätigkeit des Gehirns lebendig anzuregen. Alle Spielzeuge, welche nur aus toten mathematischen Formen bestehen, wirken verödend und ertötend auf die Bildungskräfte des Kindes, dagegen wirkt in der richtigen Art alles, was die Vorstellung des Lebendigen erregt.«

In dieser wichtigen Ausführung hat Rudolf Steiner die Phantasiekräfte des kleinen Kindes nur angedeutet. Sie vermögen Erstaunliches!

Als es noch üblich war, Säuglinge während der ersten Wochen in biberne Einschlagtücher zu hüllen, konnte man hierzulande solche »Deckeltücher« kaufen, die waren zweiseitig, auf der einen Seite rosa, auf der anderen blau. In ein solches blaurosa Deckeltuch band die Mutter eines zweiundzwanzig Monate alten Jungen ein Garnknäuel, so daß ein rosa Kopf entstand; über diesen Kopf wurde das blaue Tuchende wie ein Häubchen gelegt, der Rest des Tuches hochgeschlagen bis zum »Hals« und – blaue Seite nach außen – fest zusammengerollt.

So entstand die Andeutung einer Babypuppe, der ein kreuzweise geführtes Wickelband einige Haltbarkeit verlieh. Dieses undeutliche Wesen war dann ungefähr ein Jahr lang die erste Puppe des Kindes. Sie hatte sogar einen Namen: Nach einem Kindlein aus dem Freundeskreis, dessen Geburt gerade damals angezeigt wurde, nannte der Kleine seine Wickelpuppe »Wernerle Will«. Wernerle Will konnte schlafen, wachen, lachen, weinen.

»Guck! s'Wernerle Will wacht grad auf, *ein* Äugle hat's schon offen!«

»Guck! s'Wernerle Will winkt dir mit seinem kleinen Pfötle!«

War Wernerle Will schmutzig, so nahm die Mutter es auseinander und ließ es aus einem frischen Deckeltuch vor den Augen des Kindes neu entstehen. Dieses Stirb und Werde, diese »Reinkarnation« erregte keinerlei Befremden, auch kam der Kleine nie auf die Idee, seinem Wernerle Will fehlten Arme, Beine, Augen, Ohren, Mund, Nase – nichts fehlte, es hatte alles.

Das vermag die Phantasie eines Kindes.

Als der Kleine etwa drei Jahre alt war, wurde Wernerle Will ersetzt durch das deutlichere »Eckerle« mit geschnitztem Holzkopf, das dann noch etwa zwei Jahre lang wichtig war, hierauf mehrere Jahre ungebraucht

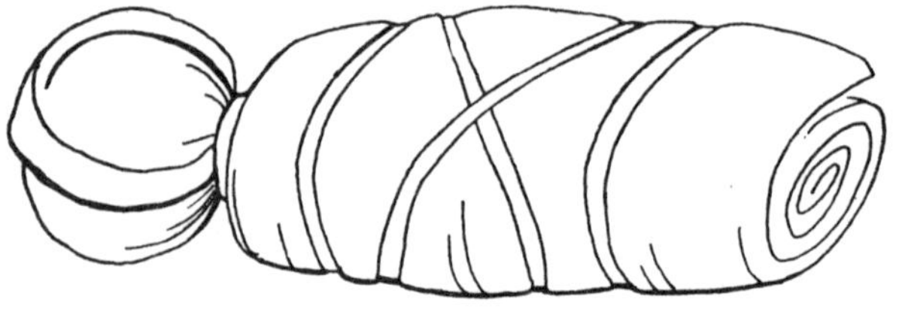

herumlag und erst vom Elfjährigen neu entdeckt und wieder adoptiert wurde.

Großes Vertrauen in die Macht der Kinderphantasie spricht aus der ergreifenden Szene in dem Büchlein von Paul Gallico »Love of Seven Dolls« (»Kleine Mouche«)[15], wo das Mädchen Mouche Abschied nimmt von den sieben von ihr so sehr geliebten Kasperlepuppen und jede derselben ihr ein Abschiedsgeschenk gibt. Als die Puppe »Monsieur Nicholas«, der Spielzeugflicker und -bauer, der sich auch auf beschädigte Menschengemüter versteht, an die Reihe kommt, heißt es (aus dem Englischen übersetzt): »Und Monsieur Nicholas gab ihr ein seltsam gewundenes Stück Holz, das nicht eine, sondern viele Formen hatte. ›Für deinen Erstgeborenen‹, sagte er. ›Es ist ein Spielzeug, das ich ihm gemacht habe, aber noch ist es nicht irgendeines, sondern alle Spielsachen, denn in seiner Phantasie, wenn er damit spielt, wird es das sein, was immer er darin sieht oder was er wünscht, daß es sei.‹«

Eine alte Frau, die sich ein langes Leben hindurch liebevoll mit Kindern abgegeben hat, verfaßte die folgenden Stabreime über die Buchstaben K + M + B:

»Knorriger, klobiger, kantiger Klotz
 im Ecken am Ofen –
Doch unser Mägdlein hebt ihn mütterlich,
 mitleidig murmelnd,
Birgt ihn behutsam im Bausch und beschaut
 ihn beseliget: ›Bubba!‹«

Aber in diesem allerphantasievollsten Alter verwandelt sich nicht nur der Klotz in eine Puppe, sondern es kann sich eine Puppe unversehens in einen Klotz verwandeln.

Ein zweijähriger Junge pflegte sich von einer alten Hausgenossin die Holzpuppe »This« zu leihen. Diesen This liebte er von Herzen und behandelte ihn sehr gut. Eines Tages kam die Putzfrau in das Zimmer des Kindes und warf zwei Briketts in den Ofen. Kaum hatte die Frau das Kind verlassen, warf dasselbe die Puppe in den Ofen, die geliebte Puppe, die sich aber in diesem Augenblick in ein Brikett verwandelt hatte. Das Kind hatte keine Ahnung, daß die Puppe im Ofen war, sondern sagte ganz zuversichtlich: »This kommt wieder.«

Der Zeitpunkt, wo das eigentliche Puppenspiel beginnt, ist von Fall zu Fall verschieden. Er mag um das zweite Jahr liegen.

Dieses ist das Spiel, das in den allerinnersten Bereich der eigenen Person reicht, nicht nur erziehend, bildend oder verbildend, wie alle anderen Spiele, sondern hier begegnet das Kind sich selbst.

Man könnte meinen, auch das eigentliche Puppenspiel sei einfach ein Spiel, bei dem der Umgang der Erwachsenen mit ihren Kindern nachgeahmt und spielend geübt wird. Das mag zum Teil der Fall sein. Ja, das Puppenspiel vieler kleiner Mädchen ist hauptsächlich ein Mutter-und-Kind-Spiel, aber welch ein ernsthaftes!

Die folgende Szene hat sich während der napoleonischen Kriege zugetragen und wird von Wilhelm v. Kügelgen[8] erzählt: »Da es inzwischen an einem Stuhle für den Gast fehlte, so entfernte Beckedorff die Puppe Salli, welche auf einem noch vakanten Sessel unter Schals und Tüchern begraben war, und rückte diesen an den Tisch.

In demselben Augenblicke aber schoß auch meine kleine Schwester schon aus irgendeinem entfernten Winkel herbei und barg, Zeter schreiend, ihr Gesicht im Schoß der Mutter. Die ganze Gesellschaft war erschrokken; alle fuhren auf und drängten sich, den Schaden zu besehen. Man war der Meinung, das Kind habe sich verletzt, vielleicht ein Auge ausgestoßen, und es dauerte lange, ehe es der Mutter gelang, die krampfhaft Weinende aufzurichten, zu besehen und zum Sprechen zu bewegen. Endlich wurde unter Schluchzen und Verschlucken der folgende Jammer offenbar: Die am Scharlach schwer erkrankte Puppe Salli hatte im größten Schweiß gelegen, und während nun die arme Mutter, die niemanden zu schicken hatte, selbst nach der Apotheke gerannt war, hatte Beckedorff das todkranke Ding aus seinen Decken gerissen und es im bloßen Hemde aufs kalte Fensterbrett gelegt.

›Und nun‹ – schloß die verzweifelte Mutter und erstickte fast an diesem Satze –, ›und nun hat Salli sich gewiß erkältet!‹

So ernsthaft war die Szene, daß niemand lachte. Vielmehr war jedermann bemüht, zu trösten und Mittel anzugeben, wie die Erkältung unschädlich zu machen sei.

Auch mag hier noch bemerkt werden, daß die Puppe von allen nachteiligen Folgen verschont blieb.«

Die Lieblingspuppe – es kann auch ein Teddy oder sonst ein Tierchen sein – erhält ein Stück von des Kindes eigener Seele. Daß ihr Leben aus dem Leben des Kindes selbst stammt, wird vom Kind empfunden. Ich habe folgendes erlebt: Ein Vierjähriger besaß seit seinem zweiten Jahr eine Puppe, die er einfach Puppa nannte und die gekleidet war wie der Junge selber. Einmal war das Kind mit seinen Eltern in einer Pension im Schwarzwald. Abends wurde der Kleine früh abgefüttert und ins Bett gesteckt, wo er mit seiner Puppe allein blieb, während die Eltern am allgemeinen Abendessen teilnahmen. Da gab das Kind der Puppe einen Namen, und zwar seinen eigenen. Durch diese im Namen bekundete Verdoppelung seiner selbst glaubte es sich wohl besser gegenüber der fremden Umgebung und der Einsamkeit zu behaupten. Übrigens hat diese Puppe den Jungen noch viele Jahre begleitet. Als er Karl May las, bekam die Puppe eine Indianerausrüstung. Sie hatte eine Seifenkiste aus einem Rollschuh, erlitt einmal Schiffbruch in einem Bach, ja sie bekam einen großen Fallschirm und machte, wohl angeschnallt und mit Sturzhelm, prächtige Fallschirmabsprünge vom obersten Stock des Hauses herab.

Daß nicht *mehr* Buben von – sagen wir zwei bis sechs Jahren – eine Puppe haben, kommt daher, daß wir Erwachsenen uns genieren, ihnen eine zu schenken. Grad als ob später nur die Mütter Kinder bekämen, die Väter aber Zottelbären!

Überhaupt werden in der Erziehung von Buben und Mädchen einige Unterschiede gemacht, die aller Berechtigung entbehren. Warum soll ein Junge weniger geeignet sein als ein Mädchen, um z. B. ein kleines Geschwisterchen zu betreuen? Warum sollen nur Mädchen die Feinheiten der Hausarbeit lernen? Dabei melden sich zu Kinderkochkursen mehr Buben als Mädchen.

»Ein Junge weint nicht!« Was soll denn das? Erziehung zur Härte, zur Tapferkeit? – Ach, Tapferkeit braucht eine Frau mehr als ein Mann, wenn sie in dieser Welt ihren Platz behaupten will. Und Härte? Manches stünde besser, wenn Männerherzen weniger hart wären!

Und wenn wir die Puppe als Übungsgerät für Kinderbehandlung ganz außer acht lassen: Die Puppe als zweites Ich – als das Wesen, das man in die Arme schließt, wenn man außer sich ist, um wieder zu sich zu kommen, die kann für einen Jungen ebenso notwendig sein wie für ein Mädchen.

Lediglich geht das Spiel mit der Puppe bei Buben selten in das Mutter-und-Kind-Spiel der Mädchen über. Darum braucht eine Bubenpuppe viel weniger Kleider als eine Mädchenpuppe. Die Puppe eines Mädchens wird andauernd an- und ausgekleidet. Eine Bubenpuppe kann angenähte Kleider haben; wenn sie neue braucht, dann müssen diese womöglich genauso aussehen wie die bisherigen. Ein Siebenjähriger ließ mich seine Puppe neu einkleiden, denn nach fünf Jahren fielen ihr die Kleider vom schlaff gewordenen Leib. Gebraucht wurde diese Puppe eigentlich nur nachts, aber sie mußte genau angezogen werden wie vorher. Eine Bubenpuppe braucht höchstens mal eine Spezialausrüstung, aber keine »Garderobe«.

Ein Junge von vier oder fünf Jahren besaß einen »Babutz«, das war eine Art Bär aus hellgeblümtem Stoff. Der Junge spielte täglich mit einem ein Jahr jüngeren Mädchen. Manchmal durfte Babutz bei dem Mädchen übernachten. Das Mädchen war ein kapriziöses Geschöpfchen und sich ihrer Macht über den treuen Freund wohl bewußt. Da sagte sie wohl: »Ich will heute den Babutz nicht«, worauf der Junge seinen Babutz einfach über den hohen Zaun in den Garten des Mädchens warf. Da wurde er denn schließlich doch ins Haus geholt, es war ja *jemand* und nicht *etwas*.

Ist hier nicht etwas ganz Ähnliches vorgegangen, wie wenn später einer Geliebten ein Stück des eigenen Wesens zu Füßen gelegt oder dargebracht wird? Keine Nachahmung – eine Vorahnung.

Eine Kinderschwester hatte schon viele Säuglinge und größere Kinder betreut, als ihr die Aufgabe zuteil wurde, ein fünfjähriges Mädchen, das an einer schweren Krankheit beinahe gestorben war und sich einfach nicht erholen konnte, dem Leben zurückzugewinnen.

Mit winzigen Rohkosthäppchen wurde das appetitlose Kind wieder ans Essen gewöhnt; alle Liebe und Erfahrung der Schwester waren nötig, um die kindliche Lebensfreude zu wecken. Da gab es einen Rückschlag: Ein sehr geliebter Onkel, der häufig ins Haus gekommen war, starb plötzlich. Einige Tage nach diesem Ereignis kam das Kind mit seiner Lieblingspuppe – sie hieß Lieselotte nach des Kindes Mutter – zu der Schwester und erklärte traurig, die Puppe sei gestorben.

Die Schwester versuchte das Kind davon abzubringen, aber es blieb dabei, die Puppe sei tot. Sie wurde in eine schöne Schachtel eingesargt und in einem entfernten Winkel feierlich begraben. »Jetzt ist sie tot«, sagte das Mädchen zuletzt, »und vielleicht kommt sie nie mehr; vielleicht auch erst, wenn wir alle ganz alt sind.« Dann war das Kind still und die Schwester auch. – Nach etwa zehn Minuten kam das Kind aufgeregt zur Schwester gelaufen und sagte: »Horch, sie hät g'rufe!« Da waren beide sehr erleichtert; das Kind eilte, Grab und Sarg zu öffnen, und schloß die auferstandene Puppe unter vielen Liebkosungen in die Arme.

Damit hatte auch das in der Puppe verpuppte Stück der Kindesseele den Tod überwunden, und mit dem Mädchen ging es aufwärts. So weit reicht das Puppenspiel!

Weil nun eine Puppe für ein Kind so unendlich wichtig sein kann, sollte der Erwachsene sich im Umgang mit den Puppen seines Kindes ebenso bewußt und behutsam verhalten wie im Umgang mit dem Kinde selbst. Die Mutter muß die Puppen kennen, sie muß wissen, in welcher von ihnen ein Stück von ihres Kindes Seele wohnt. Das wechselt nämlich unter Umständen! Eine Puppe kann eine andere ablösen, und es ist da von seiten des Erwachsenen allerhand Takt erforderlich, wenn er nicht immer wieder einen Fauxpas begehen will.

Wie haben wir als Kinder die Leute verachtet, die über unsere Holzpuppen zu spotten wagten!

Was geschieht da eigentlich, wenn ein Kind einem unansehnlichen, von allen verspotteten Liebling die Treue hält, wohin kann das führen?

Aus der Treue zu diesem jämmerlichen und verachteten Geschöpf, aus dieser Treue kann die Kraft erwachsen, die später eine Mutter befähigt, zu ihrem von der Natur vernachlässigten Kinde zu stehen, ihrem schwachsinnigen oder entstellten Kinde, auf das sie nie stolz sein kann, ihre besondere Liebe zuzuwenden.

Man muß sich in acht nehmen: Die älteste, hinfälligste Puppenruine kann eine wichtige und geheimnisvolle Rolle im Leben eines Kindes spielen. Man tut wohl daran, solch ein zerrupftes, graugeliebtes Wesen mit Achtung zu behandeln; man kann die unansehnliche zerlumpte Puppe flicken, säubern, reparieren, sogar mit neuen Teilen versehen, aber man darf sie beileibe nicht wegwerfen, solange sie »lebt«. Sonst schädigt man das Kind und bringt sich selbst um einen Teil des kindlichen Vertrauens.

Ein Mädchen, ein Kriegskind, spielte mit einer von der Mutter genähten Lumpengretel. Von Zeit zu Zeit wusch die Mutter den Balg in der Bütt und ließ ihn an der Leine trocknen. Das überlebt eine solche Puppe ohne Schaden. Dann erkrankte die Mutter schwer. Sie mußte ins Krankenhaus, und Kind und Puppe wurden von einer kinderlosen Tante aufgenommen – das Kind mit Liebe und Fürsorge –, die Puppe aber wurde als »eklig und ganz verdorben« im Herd verbrannt ... Das Kind hat sich nie wieder an eine Puppe angeschlossen, sich nie wieder mit einem Stückchen seines Wesens in eine Puppe hinein gewagt. Ich kenne Eltern, denen das erste Kind früh starb und die niemals den Mut zu einem weiteren Kindlein fanden. So etwas Ähnliches mag in jenem kleinen Mädchen vorgegangen sein. Die Geschichte liegt zwanzig Jahre zurück. Verziehen wurde sie nicht.

Solche Tragödien entstehen dort, wo der Erwachsene die Puppe für einen Gegenstand schlechthin hält. Das Kind erlebt mit Grauen und Entsetzen die Grausamkeit des Erwachsenen gegen die »lebendige« Puppe; der Erwachsene seinerseits steht mit Befremden dem »hysterischen Getue« des Kindes um ein Stück altes Gerümpel gegenüber.

Der Erwachsene, der eine Puppe, eine »aktive« Puppe, vernichtet in der Meinung, es sei nur ein Gegenstand, befindet sich ungefähr in der gleichen Situation wie jener unglückliche Lieferwagenfahrer, der sein Fahrzeug über einen alten Pappkarton rollen ließ, der auf der Straße lag – es hatte sich aber ein kleines Kind in dem Karton versteckt ...

Auch bei Maria Melchers[16] findet sich ein gewaltsamer Puppenabschied:

»– ›Wo hast du meine Tulla?‹ Papa überhört die Frage. ›Hast du Tulla nicht mitgebracht?‹ Nun muß der Vater bekennen: ›Das konnte ich nicht, Mama hat sie verbrannt.‹ ›Verbrannt –? Tulla! Verbrannt –?‹ Aus dem Kinderblick starren Unglaube, Entsetzen und ein namenloser Schmerz. ›Nein, Papa, sage, du machst Spaß. Sage schnell, daß du Spaß machst, und gib sie mir.‹

Dem Vater wird es unendlich schwer, das letzte Hoffnungsfünkchen, das schwach aufflackert, auszulöschen.

›Mariakind‹, sagt er, so zart und innig, wie nur Papa es auszusprechen vermag, ›du mußt vernünftig sein und Mama verstehen. Du bist jetzt ein großes Mädchen, und Tulla war als Spielzeug eines kleinen Kindes gedacht und reif zum Verbrennen.‹

Maria steht wie versteinert. Sie weint und klagt nicht. Stumm sieht sie vor sich nieder. Nach einer Weile sagt sie leise:

›Tulla, – das war ein Stück von mir. – Tulla, das ist –‹

Sie schweigt, sie hat sagen wollen: ›Meine Kindheit‹, aber sie spricht es nicht aus, sie denkt es nur und hat dabei das Gefühl, daß ein Tor zugegangen ist, ein goldenes Tor, das sich nie, niemals wieder öffnen kann.«

Nun wird man vielleicht einwenden: Da wäre ja die Welt voller Puppenruinen, die man nicht wegwerfen darf! Keineswegs. Man denke dem Wort Puppe nach:

Puppe, wie beim Schmetterling! Wenn das Verpuppte ausgeschlüpft ist, bleibt nur noch die leere Hülle, die niemand mehr braucht.

Auch das in der Lieblingspuppe verpuppte Stück eines Kindes wird eines Tages frei, und dann wird das Kind selber über den Balg, die Puppenhülle verfügen. Es wird vielleicht sagen: »Meine alte Puppe, die tun wir jetzt auf den Speicher« oder »die verschenken wir«. Bis dahin kann man ruhig warten. Mir ist kein Fall bekannt, daß Kinder, die bis zum fünfzehnten Jahr und noch länger mit Puppen spielten, davon irgendeinen Schaden hatten.

Der Wunsch nach einer Puppe sollte erfüllt werden. Keine Puppe zu haben, wenn es eine solche bräuchte, kann das Leben für ein Kind schwieriger machen.

Annie Hamilton Donell beschreibt in dem Kindheitsroman »Rebecca Mary«[17] ein solches Kinderschicksal.

Die gutherzige, kinderliebe Pfarrfrau hat für die einsame kleine Rebecca Mary eine freundliche Puppe wunderhübsch angekleidet und übergibt die Puppe der gestrengen Tante Olivia, bei der das Kind lebt. Das Geschenk wird in eisigem Schweigen entgegengenommen.

(Aus dem Englischen übersetzt): »›Für Rebecca Mary‹, sagte die Pfarrfrau zögernd, ›ich habe sie für sie angekleidet. Ich dachte, vielleicht hat sie noch nie –...‹ ›Sie hat noch nie‹, sagte Tante Olivia kurz.

Seltsam genug, daß ihr gerade in diesem Augenblick eine kleine Begebenheit aus des Kindes früher Kinderzeit einfallen mußte. Der Vorfall hatte mit einem fest eingerollten und zusammengesteckten Nachthemdchen zu tun. Sie hatte damals Rebecca Mary, in Leibchen und Unterröckchen ins Bett gekuschelt, vorgefunden. ›Es ist meine Puppe. Bitte, pst, Tante Olivia, sonst weckst du sie auf!‹ hatte das Kind besorgt geflüstert. ›Oh, du wirst sie doch nicht wieder zu einem Nachthemd machen? Zieh nicht die Nadeln raus, Tante Olivia, sonst muß sie sterben! Wenn du sie leben läßt, soll sie auch nach dir heißen!‹ ›Steh auf und zieh dich aus!‹

Seltsam, daß Tante Olivia gerade jetzt daran denken mußte. Sie erinnerte sich sogar, wie schwer die rostige Sicherheitsnadel sich hatte herausziehen lassen. Rebecca Mary war gehorsam aus dem Bett geglitten, aber mit einem Gesichtchen, als stünde sie an einem Sterbebett. Sie hatte das Herausziehen der Nadel und das Entrollen des Nachthemdchens in tödlichem Schweigen beobachtet. Erst als es lose über Tante Olivias Arm hing, hatte sie leise aufgeschrien. ›Jetzt ist sie tot!‹ «

Die Tante hält es für ihre Pflicht, dem Kind auch die neue Puppe nicht zu geben. Ob das geschehen sei, oder nicht, versucht die Pfarrfrau zu erfahren.

» ›Komm rein, Rebecca Mary‹, sagte die Pfarrfrau herzlich. ›Willst du mal das neue Kleid für die Puppe unserer Rhoda sehen? Du kannst die Kleider für deine Puppe sicher schon selber nähen?‹

›Das könnte ich wohl, aber sie trägt keine Kleider‹, erwiderte Rebecca Mary ernsthaft. ›Nein?‹ Das war verwirrend. ›Man kann ihre Kleider vielleicht nicht ausziehen?‹ Dann konnte es sich nicht um die nette, freundliche Puppe handeln.

›Nein, man kann sie auch nicht anziehen, es ist gar keine Anfaß-Puppe.‹ ›Keine – wie hast du gesagt, Liebes?‹ Die Pfarrfrau unterbrach ihre Arbeit voller Anteilnahme. Offenbar hatte Miß Olivia ihr jene Puppe nicht gegeben; aber *diese* Puppe –. ›Ich glaube, ich hab dich nicht richtig verstanden, Rebecca Mary.‹

›Nein, es ist ein bißchen schwierig. Ich hab gesagt, sie ist keine Anfaß-Puppe. Eine zum Anfassen habe ich nie gehabt. Meine hat gar keinen Körper, grad nur eine Seele. Aber sie ist ein großer Trost.‹ ›Robert‹, rief die Pfarrfrau hilflos – dies schien eine Angelegenheit für den Pfarrer zu sein, eine Seelenangelegenheit.

›Erzähle uns noch etwas von ihr, Rebecca Mary‹, schlug der Pfarrer behutsam vor. Aber auch er schaute hilflos drein.

›Nun, das ist alles‹, gab Rebecca Mary verwundert zurück. ›Natürlich kann ich sie nicht an- und auskleiden oder mit auf Besuch nehmen. Aber es ist so tröstlich, ihre Seele in Schlaf zu wiegen.‹

›Ruf Rhoda!‹ sagte die Pfarrfrau leise zum Pfarrer; aber Rhoda war schon da. Sie gab sofort die Erklärung; in Rhodas Augen lag kein Zweifel. ›Sie meint doch eine unsichtbare Puppe. Nicht wahr, Rebecca Mary?‹

›Ja‹, stimmte Rebecca Mary zu, ›so könnte man auch sagen, aber ich nenne sie nie so.‹

›Wie nennst du sie denn‹, fragte die praktische Rhoda, ›ich meine, wie heißt sie?‹

›Aber Rhoda!‹ mahnte die Pfarrfrau erschrocken. Ihr kam das wie ein Übergriff in geheiligte Bezirke vor. Jedoch Rhodas klare blaue Augen waren fest auf Rebecca Mary gerichtet; die Warnung ihrer Mutter hatte sie gar nicht gehört. Eine schüchterne Röte überzog Rebecca Marys mageres Gesichtchen. Zwei Atemzüge lang zögerte sie. Dann, leise und weich: ›Sie heißt – Felicia.‹«

Das ist der Name der tiefgerührten Pfarrfrau.

Später überrascht die Tante das Kind, wie es seine leeren Ärmchen wiegt und leise dazu singt:

»Schlaf nur, schlaf, mein Püppchen,
und fürcht dich gar nicht mehr,
denn Rebecca Mary und die Engel
die wachen rings umher,
umher und rund umher.«

Daraufhin erst bekommt das Kind die von der Pfarrfrau geschenkte Puppe ausgeliefert; und das heimatlose Stückchen Kinderseele kann endlich in einem sichtbaren Gehäuse gehegt werden.

Hier ist ein Grenzfall geschildert. Es wäre keine unsichtbare Puppe entstanden, wenn rechtzeitig eine sichtbare, eine »Anfaßpuppe« zur Hand gewesen wäre – und wäre es das Nachthemdwickelchen gewesen.

Anders verhält es sich mit den unsichtbaren Spielgefährten. Es sind keineswegs etwa nur Einzelkinder, die sich mit solchen unsichtbaren Spielgefährten umgeben.

Von drei Schwesterchen, die in drei aufeinander folgenden Frühjahren geboren sind, bekam die mittlere zu Beginn ihres dritten Lebensjahres eine unsichtbare Begleiterin. Plötzlich tauchte »die Galle« auf und wurde sofort von der ganzen Familie ernstgenommen. Der Vater ließ das Auto kurz nach der Abfahrt noch einmal halten und machte die Tür auf, weil »die Galle« vergessen hatte, rechtzeitig einzusteigen. Glücklicherweise bekam »die Galle« wenige Tage später selbst ein Auto. »Die Galle« war meistens so groß wie ein Kind, konnte sich aber derartig zusammenziehen, daß sie durch ein Schlüsselloch zu schlüpfen vermochte, auch war sie manchmal sichtbar, manchmal unsichtbar.

Das kleine Mädchen machte damals eine schwierige Entwicklungsperiode durch mit vielen furchtbaren Zornanfällen. Als dann die Familie nach Amerika zog, war auf der Schiffsreise von der »Galle« nicht die Rede. Drüben tauchte sie jedoch gleich wieder auf. Da legte sich die ältere Schwester – vielleicht aus Eifersucht – auch eine »Galle« zu. Diese »Galle« war mehr oder minder ein Abklatsch der ersten und fand wenig Beachtung.

Die erste »Galle« jedoch bekam ein Gefolge, bestehend aus »Gille«, »Pumpum«, »Sasa« und »Nädldä«. Diese vier Wesen traten nur in Gesellschaft der »Galle« auf, während diese selbst auch allein zu allerhand Unternehmungen fähig war. Bei Spaziergängen konnte die

»Galle« schon vorausgegangen sein, oder aber sie kam heulend hinterhergelaufen. Bei Tisch wurde sie zuweilen ermahnt, ihre Ellenbogen herunterzunehmen. Die »Galle« hatte einen sehr leisen Schlaf; wenn sie schlief, mußte die Familie auf Zehenspitzen schleichen. Sie gehörte ganz und gar dazu – weit über ein Jahr lang.

Als die Familie nach einjährigem Aufenthalt Amerika wieder verließ und nach Deutschland zurückkehrte, wurde von der »Galle« nicht mehr gesprochen. Später erfuhr die Mutter, »Galle«, »Gille«, »Pumpum«, »Sasa« und »Nädldä« seien samt und sonders bei der Überfahrt im Meer ersoffen. Von da an wurden die Zornanfälle des Kindes schwächer und seltener.

Während die ältere und die jüngere Schwester zärtliche Puppenmütter sind, hat dieses Kind zwar auch mit Puppen gespielt, aber nie waren ihm dieselben so richtig lebendig geworden.

Ein anderes kleines Mädchen, das nur einen um fünf Jahre älteren Bruder hatte, betreute lange Zeit wenigstens drei unsichtbare kleine Schwesterchen. Die hießen »Gisele-Roggele-Bag«, »Gisele-Stetten« und »Halbele«; manchmal waren es ihrer sogar noch mehr!

Eins nach dem anderen wurden die kleinen Unsichtbaren auf die Schaukel gehoben und angestoßen, während die übrigen ermahnt wurden, schön ruhig auf der Wiese sitzen zu bleiben und nicht unter die Schaukel zu laufen.

Noch ehe das Mädchen zur Schule kam, verschwanden die kleinen Schwesterle, und es vertraute mir an: »Ich spiel jetzt mit größeren Kindern.« Auch diese hatten Namen.

Dieses Kind spielte viel allein, und es langweilte sich nie.

In den unsichtbaren Spielgefährten erlebt das Kind ein Stück seines eigenen Wesens eine Zeitlang als selbständige Person – mal als »Gewissen« und Berater, in anderen Fällen als eine Art Sündenbock. – So mag es sich mit den »Jägers« verhalten haben, denen, wie mir ein Vater erzählte, die kleine Tochter allerlei eigene Unbotmäßigkeiten zuzuschreiben pflegte.

Oder das Kind vermißt etwas und läßt das Vermißte nun dem unsichtbaren Gefährten zuteil werden – und damit wieder sich selber.

Jahrelang war »Jimmy« der unsichtbare Spielkamerad eines geschwisterlosen Jungen. Als der Junge sieben oder acht Jahre alt war, fuhr er mit seiner Mutter am Schluß der Ferien im Auto durch Frankreich der Heimat zu. Mitten in einer belebten Stadt zur nachmittäglichen Hauptverkehrszeit rief er: »Halt, Mama, halt! Hier wohnt Jimmy, er will aussteigen!« Die Mutter machte das Unmögliche möglich und hielt an. Die Wagentür wurde geöffnet, geschlossen, – ein wenig gewinkt. Aus. Von Jimmy war seitdem nie wieder die Rede. Als die Mutter sich später nach ihm erkundigte, hieß es sehr verwundert: »Du weißt doch, daß er wieder zu Hause ist.«

Das Verschwinden eines unsichtbaren Begleiters, das Ablegen einer Puppe sind wichtige Schritte auf dem Wege des Kindes zu sich selber. Indem es dieser Stützen entraten kann, wird es selbständig – entreißt man sie ihm jedoch vorzeitig und gewaltsam, so macht man es unsicher.

Als in Saarbrücken der Prozeß gegen die Lebacher Soldatenmörder geführt wurde, stand in einer hiesigen Tageszeitung eine Aussage des Haupttäters Wolfgang D. über seine Jugendzeit: Er habe als Kind am liebsten mit Puppen gespielt. ... Es war sogar fett gedruckt. Aber eine andere Zeitung gab die Aussage vollständiger wieder: ... und bitterlich geweint, als man sie ihm wegnahm. *Das* war es! – Ich habe damals sofort in einem Leserbrief an die erstgenannte Zeitung deren Bericht ergänzt, um zu verhüten, daß so und so viele Leute ihren kleinen Buben die Puppen wegnehmen, »damit sie später keine Mörder (oder keine ›Homos‹) werden« – und auf diese Weise erst Tragödien heraufbeschwören.

Eine Puppe kann verunglücken. Sie kann auf einem Waldspaziergang verlorengehen. Man setzt sie im Palmengarten an eine schöne Stelle und vergißt sie dort. Man kehrt erschrocken zurück: Sie ist weg! Selbst die Suchanzeige in der Zeitung bringt keinen Erfolg. Der Schmerz ist entsetzlich. Nach dem Krieg las ich von einer Mutter, deren Kind auf der Flucht aus den umhüllenden Decken in ihrem Arm herausgeglitten und verlorengegangen war. Keine andere von den vielen furchtbaren Fluchtgeschichten ließ mich so vor Mitleid erbeben: Auf die gleiche Weise habe ich im Garten meiner Großmutter mein »Haldagele« aus der Wickeldecke verloren und als tot betrauert. Trauer, Schmerz, Gewissensqualen und das Gefühl, selbst schuld zu sein. An vielen Abenden weinte ich mich in den Schlaf. Mein Vater hatte mir »Haldagele« aus hellem Lindenholz geschnitzt. Was half's, daß es nach einigen Monaten schwarz angemodert in einem Laubhaufen wieder aufgefunden wurde. Es war nie mehr das gleiche, wenn es auch – ziemlich hellgrau gescheuert – heute noch existiert.

Was kann man angesichts eines solchen Jammers tun? Trösten muß man, muß den Gedanken hegen helfen, daß vielleicht ein anderes Kind den verlorenen Liebling gefunden und angenommen hat. Manchmal läßt sich ein Ersatz schaffen: etwas möglichst Ähnliches – oder etwas ganz anderes, Neues zum Liebhaben – vielleicht gar etwas Lebendiges.

Man sollte *nicht* sagen, es sei doch bloß eine Puppe. Freilich war es eine Puppe – aber, was ist eine Puppe –?

PUPPEN ENTPUPPEN SICH

So mannigfaltig sind die Puppenspiele, daß es schwerfällt, ihre verwirrende Vielfalt übersichtlich zu machen und zu ordnen. Da Puppen Abbilder von Menschen sind, suchen wir in der Menschenwelt eine Ordnung oder ein Gefüge, das uns auch bei den Puppen weiterhilft. Die Milliarden von Namen, die da auf der Welt existieren, werden vom einzelnen her übersichtlich, sobald er sie mit Pronomina belegt. Diese Für-Wörter sind Zauberwörter: Unseren Nächsten, denen die uns mehr angehen, verleihen sie ihren besonderen Stellenwert, während die Fernstehenden in unpersönlicher Weise zusammengefaßt werden.

Der weitaus interessanteste Mensch auf der Welt, derjenige, dem man das meiste Nachdenken, die meiste Fürsorge und Rücksicht zukommen läßt, ist man selber: *ich*. Die Forderung: liebe deinen Nächsten wie dich selbst, ist kaum zu verwirklichen und nicht zu übertreffen. Darum kam mir von jeher die Englische Art, »I« groß zu schreiben, viel aufrichtiger vor, als unser heuchlerisches »Du, Dir Deine, Sie, Ihr usw.«, bei kleingeschriebenem »ich«.

Die nächstwichtige Person ist die jeweilige Bezugsperson, das *Du*. Nach ihr richten und formen wir uns: Sage mir, mit wem du umgehst, und ich sage dir, wer du bist. Eine Liebesbeziehung etwa kann einen Menschen um mehrere Stufen heben oder ihn völlig herunterziehen. Wenn unsere Heranwachsenden uns vorbeugend fragen, wie und woran sie denn später einmal den richtigen Partner erkennen könnten, so sollten wir ihnen auch raten, sich jeweils zu fragen: Bin ich bei ihm, bzw. bei ihr, genau so wie sonst oder vielleicht ein wenig besser oder schlechter, ein wenig feiner oder unfeiner, tiefer oder flacher? Es ist immerhin ein Gesichtspunkt.

Es folgen einzelne, die uns angehen im Guten oder Bösen, *er, sie, es*.

Sodann gibt es unsere Gruppe, die Gemeinschaft, der sich der Einzelne zugehörig fühlt: *wir,* die wir zusammengehören, das gleiche tun oder wollen, uns gegenseitig verstärken und mehr Gewicht verleihen: »...Sonst komm ich mit meinen Brüdern!« »In unserer Klasse machen wir das *so*«. »Wir sind wilde Kerle, wir!«

Weiter und weiter entfernen sich die Menschen, schon sind *sie* eine gesichtslose Schar, vielleicht erkennen wir noch eine Gruppenzugehörigkeit: ein Soldat, ein Fußballer, ein Clown, eine Familie... Herrscht noch mehr Ungewißheit über den uns Begegnenden, so ist es eben *jemand*.

Für kleine Kinder kann sogar *niemand* unter Umständen jemand sein, – so auf der Grenze zwischen jemand und etwas. Meine Schwester war im dritten, ich im vierten Lebensjahr, als sie handhohe Bauklötzchen aufrecht hinstellte und auf jeden ein kleines Klötzchen quer obenauf legte. Ich betrachtete die Gestalten und fragte schließlich: »Buzi, warum baust du Niemändle?« – »Weil sie spazieren gehn.« »Warum gehn sie spazieren?« – »Weil's so warm und so kalt is'.« Kein Zeuge war bei diesem Gespräch zugegen, aber wir haben es nie vergessen.

Zurück zu den Puppen. Über die Ich-Puppe wurde im vorigen Kapitel das Wesentliche gesagt; dazu noch einige weitere Beispiele:

So fragte ein Vater, was denn davon zu halten sei: Er und seine Frau bemühen sich vergeblich, die Töchter zum guten schriftdeutschen Sprechen zu bewegen. Weder Belohnung noch Strafe noch das ständige Vorbild der Eltern könne verhindern, daß zu Hause, wie auch im Kindergarten das breiteste Fränkisch gesprochen werde. Lediglich mit ihren Puppen reden die beiden Mädchen feines Schriftdeutsch. Nun, das sind Ich-Puppen! Es muß den Eltern genügen, daß die Kinder das Schriftdeutsche für sich und bei sich selber können und beherrschen – im übrigen scheint das selbstbewußte Schwesternpaar die Eltern zwar zu lieben und zu achten, aber deswegen noch lange nicht vor ihnen auf den Knien zu liegen.

Ein Dreijähriger brauchte dringend eine Puppe. Jedes längliche Holzstück, jede Stoffrolle war »mein Baby«.

Die Großtante besorgte ihm eine nette robuste Babypuppe und das Glück war vollkommen, bis – ja bis eine Kusine auftauchte, die ihre Singpuppe mitbrachte. Man brauchte nur den Arm des technischen Wunderwesens hochzubiegen, schon lief im Innern die Platte mit »O Tannenbaum!«. Der Kleine war fasziniert und betrachtete sein – nun plötzlich stummes – Baby recht nachdenklich. Da gab die Großtante den genialen Rat: »Setz deine Puppe daneben, dann lernt sie's auch!« So geschah es, und kurze Zeit später kam er selig gelaufen: »Jetzt kann sie's!« Er bog den Arm seines Babys nach oben und sang selber: »O Tannenbaum!« Wo liegt da die Grenze zwischen Kind und Puppe?

Die Puppen müssen ja auch lernen, was das Kind gelernt und erfahren hat. Die Mutter hat Besuch, und der eifersüchtig das Gespräch unterbrechende Sohn wird zurechtgewiesen. Am nächsten Tag ertönt es aus der Puppenecke: »Bärle, stör mich nicht, wo ich doch jetzt mit dem Esi spreche!«

Was man der Ich-Puppe zuliebe oder -leide tut, empfindet das Kind, als sei es ihm selbst geschehen.

Als im Jahr 1962 im Saarland bei einer Grubenkatastrophe auf einen Schlag 299 Bergleute ums Leben kamen, war das ganze Land wie gelähmt vor Trauer und Schrecken. Alle Tanzveranstaltungen wurden abgesagt, und es war uns ganz undenkbar, drei Tage nach dem Unglück den fünften Geburtstag unseres Jüngsten mit dem versprochenen Kostümfest zu feiern. So ließen wir eine weitere Woche ins Land gehen und luden dann Freunde und Freundinnen mit ihren Lieblingspuppen zu einem Puppenfest ein. Die großen Brüder hatten sich an den Vorbereitungen beteiligt, so daß ein volles Programm geboten werden konnte: Erst machten die Puppen einen Spaziergang zur Tierschau. Sie sahen die Fütterung der Sumpfschildkröten, jede durfte einen lebendigen Igel anfassen und, wer wollte, auch eine nasse Schildkröte. Dann gab es ein Seifenkistenrennen auf einem großen Brett; die Fahrzeuge waren aus Rollschuhen gebaut. Ein elektrisch betriebener Aufzug brachte die Puppen auf die »Kaffeeterrasse« auf dem Eßtisch, wo Tische mit kleinstem Gebäck lockten. Inzwischen gab es für die Kinder auch was zu essen. Zum Abschied bekam jede Puppe ein Püppchen in einem Zündholzschachtelbettchen geschenkt. Die Kinder gingen tiefbefriedigt heim, und doch war die allgemeine Trauer nicht durch ein lärmendes Fest gestört worden.

Die Ich-Puppe wird getröstet, wenn das Kind selber traurig ist oder Heimweh hat. Sie wird verwamst, wenn es das Gefühl hat, eine Strafe verdient zu haben. Das letztere scheint aber nicht die Regel zu sein, obwohl ich es verschiedentlich gehört habe. Ich kann mich nicht erinnern, jemals eine Puppe geschlagen zu haben.

Nach Amerika ausgewanderte Freunde der Eltern schickten einem Flüchtlingskind eine Puppe. Der Kopf war aus Porzellan, Arme und Beine zur Hälfte, der übrige Körper aus Stoff. Sie wurde Anita genannt. Jahrelang war sie bei allen Spielen dabei, aber wie! Anita war immer unartig, sie lief weg, ja sogar auf die Straße! Bei Tisch benahm sich Anita im Gegensatz zu den anderen Puppen sehr schlecht, sie stellte allen Unfug an und zerbrach sogar Geschirr. Auch gegen die übrigen Puppen und die Teddys war sie garstig. Sie bekam viele Schläge zur Strafe und wurde auch sehr häufig krank als Folge ihrer Untaten. Anita war eine echte Ich-Puppe, aber nicht die einzige! Dieses Kind hatte zwei Ich-Puppen. Für die »zwei Seelen« in ihrer Brust hatte sie je eine Puppe. Das liebe, gehorsame, heiter-ruhige kleine Mädchen, das sich so vernünftig in die räumliche und finanzielle Beschränkung schickte, hatte als liebe, artige Ich-Puppe einen Teddy namens Dickerle. Er lebte sein Puppendasein genau so heiter und zufrieden, wie seine Puppenmutti ihre Kindheit in der winzigen Zwei-Zimmer-Hochhauswohnung verbrachte. Sie machte keinen Lärm, wo doch diese Sozialwohnungen so hellhörig gebaut sind, zerbrach nie etwas – wovon hätte es wieder gekauft werden können? All ihre möglichen Unarten, Weglaufgelüste, Aggressionen projizierte sie in die böse Ich-Puppe Anita. Ihr gab sie auch die Schläge, die auf solche Unarten möglicherweise zu erwarten gewesen wären. Das Mädchen wuchs in all der Enge unbeschädigt auf. Anita aber nahm, als ihre Aufgabe erfüllt war, als ein rechter Sündenbock ein böses Ende. Die Puppenmutter ging schon in die erste oder zweite Klasse, zwei Freundinnen waren bei ihr, da stürzte durch ein

Versehen der Puppenwagen um, und Anitas Kopf zerbrach in viele Scherben. Sie hatte ihren Dienst treulich getan.

Der »lieben« Ich-Puppe, dem Teddy Dickerle, wurde im Lauf der Jahre das Fell vom Leibe geliebt. Pfoten und Nase waren schließlich ganz ausgefranst. Da griff die Mutter ein: »Dein Dickerle ist ja krank, er hat schwer verletzte Pfoten! Mach ihm einen guten festen Verband drum und bring ihn zu mir ins Krankenhaus!« Dick bandagiert wurde der Patient daraufhin im Puppenwagen quer durch das kleine Zimmer »ins Krankenhaus« gebracht. Niemals sah das Mädchen die Mutter an dem Teddy herumflicken. Es kam vom Spielen herauf, und da hieß es: »Dem Dickerle geht es besser, er wird schon aus dem Krankenhaus entlassen. Du mußt ihn abholen. Morgen kannst du dann den Verband vorsichtig aufmachen und nachsehen: Wenn schon alles gut verheilt ist, braucht er keinen mehr.« Als einmal von Erziehungskunst die Rede war, sagte der Vater dieses Mädchens: »Wissen Sie, meine Frau, die hat da so 'ne Begabung für.« Der Mann hat recht!

Aus rotkariertem Stoff nähte eine Mutter ihrer anderthalb Jahre alten Tochter einen Hasen und nannte ihn Napoleon. »Pölchen« wurde der unentbehrliche Begleiter des Einzelkindes. Als Zweieinhalbjährige ließ sie ihn dennoch einmal in einem Nachbargarten liegen, von wo er doch tatsächlich im Mülleimer landete. Man suchte, jedoch »Pölchen« war verschwunden. Nachts nähte die

Mutter aus dem gleichen Stoff einen möglichst ähnlichen Ersatz, den sie morgens der Tochter als »Pölchen mit neuem Fell« übergab. Er wurde angenommen, und die Geschichte wäre ausgestanden gewesen, wenn nicht eine Freundin der Familie den echten Napoleon im Mülleimer entdeckt und gerettet hätte. Aber es verstrichen zwei Wochen, bis sie ihn triumphierend anbrachte. – Nun mußte der Schwindel aufgedeckt werden. Er wurde verziehen, Pölchen trat in seine alten Rechte ein, der Ersatzhase blieb sein Bruder und wurde – diesmal aber vom Kind selber – »Fidabold« benannt.

Sogar vergängliche Ich-Puppen gibt es, und sie sind gar nicht so selten. Sie treten auf und verschwinden wieder. Ganz plötzlich, auf der Reise, am Ferienort, während einer Krankheit zu Hause oder im Krankenhaus, kann eine Ich-Puppe dringend notwendig werden. Sie kann aus ein oder zwei Windeln mit einem Stück Mullbinde geknüpft werden, aus Maisstroh gebunden und geflochten, aus einem Stück Feuerholz roh zurecht geschnitzt. Überraschend schnell belebt sie sich in der Hand des Kindes, keinen Augenblick will es sie von sich lassen. Und doch, ist die Krise überwunden, die Krankheit vorbei oder das Kind wieder daheim, so verschwindet diese Notpuppe schnell und spurlos und wird nicht vermißt.

Unter all den vielen Rollen, die Puppen spielen können, gibt es eine, die bedeutet Gefahr: Das Du, die Bezugsperson eines Menschen, sei er Kind oder Erwachsener, soll ein Mensch sein – allenfalls ein Engel – aber keine Puppe und auch kein Tier. Nach dem Du formt man sich oder man verformt sich nach ihm. Manchmal sieht man Eheleute, die einander im Lauf der Jahre immer ähnlicher sehen. Aber wem sind andererseits nicht schon jene einsam-verbitterten Menschen aufgefallen, deren einziger und letzter Freund ein Hund ist und die allmählich diesem Hund so ähnlich sehen, daß man darüber lachen müßte, wenn es nicht so traurig wäre. So etwas ist auch mit einer Du-Puppe möglich! Dazu ein Bericht von Alfred Nitschke, Professor für Kinderheilkunde, zitiert in einem Aufsatz von H. H. Schöffler: »Das Frühlesen aus ärztlicher Sicht«.[18]

»Ein zehnmonatiges Mädchen kommt mit langer Krankheitsvorgeschichte (Inappetenz und häufiges ›unmotiviertes‹ Erbrechen) in die Klinik. Das Kind war ohne krankhaften körperlichen Befund, aber sehr elend, mager, die Muskulatur dünn und schlaff. Es konnte nicht sitzen. Meist nahm es eine eigenartige Haltung ein: Der Körper ruhte wie ein zusammengeklapptes Taschenmesser zwischen den ausgestreckten Beinchen. Dazu lagen die schlaffen Arme oft nach vorne ausgestreckt auf der Decke. Das aufliegende Gesicht war wenig angehoben, der Ausdruck verstimmt und lustlos abweisend. Auffallend war dabei der ruhige große Blick und noch mehr ein ausdruckreicher Mund, an dem das Kind oft mit den Fingern spielte.

Die Schilderung schien uns entsprechend früheren Erfahrungen deutlich darauf hinzuweisen, daß die überaus große Unsicherheit der Mutter das Unheil ausgelöst hatte und unterhielt. Auch hierbei überträgt sich die ängstlich gespannte Erwartung im Umgang durch Haltung, Blick und Sprache auf den Säugling. In der Klinik findet ein solches Kind bald in der gelassenen Sicherheit erfahrener Pflegerinnen seine Ausgeglichenheit. Diesmal aber wurde unsere Erwartung getäuscht. Während der drei folgenden Monate in der Klinik blieb trotz intensiver Bemühung alles unverändert. – Wir suchten im Gespräch mit den Eltern nach einem weiteren Störungsgrund, den wir vermuteten, konnten aber nichts erfahren.

An dem Tag, an dem das Kind in der Vorlesung als eines von denen gezeigt werden sollte, bei denen es uns nicht gelang, einen wahrscheinlich in der Lebens-Situation liegenden Schaden zu klären und zu überwinden, durfte es, um nicht gar zu unglücklich zu sein, etwas mitnehmen, das ihm vertraut war. Das war ein großer Hase, den das Kind als liebsten Spielgefährten von zu Hause mitgebracht und dauernd bei sich im Bettchen gehabt hatte. Beim Anblick des Tieres kam plötzlich der Einfall: Das ist der Störenfried! Wir erinnerten uns jetzt, daß wir bei der Aufnahme im Scherz gesagt hatten: Das Kind sieht aus wie sein Hase. Es war ein großes Tier, eine der grotesken Formen, die man heute den Kindern zum Spielen gibt, mit sehr langen, dünnen, schlaff hängenden Armen und Beinen, einem Kopf mit auffallend gerichteten großen Augen und einem sehr ausgeprägten Maul, dessen Lippen das Kind immer wieder mit den Fingern berührte. Diesen schlaffen, traurig verstimmt aussehenden Hasen hatte das Kind oft sich selbst zugewendet auf die Bettdecke gelegt, und zwar genau in seiner eigenen Haltung: den Oberkörper zwischen den schlaffen Hinterläufen, die Vorderläufe ausgestreckt, das Gesicht mit dem sonderbaren Augen- und Mundausdruck ihm zugewandt. Das war zu Hause fast der einzige Partner des sonst von der Welt isolierten Kindes; das war das Bild von Haltung, Bewegung und Stimmung, mit dem das Kind umgegangen war, an dem das Kind sich geformt hatte.

Ich würde diese Deutung nicht in solch entschiedener Weise zu geben wagen, wenn sich die Folgerungen für die Behandlung nicht als so wirkungsvoll erwiesen hätten. Wir ersetzten den Hasen durch ein fast ebenso großes, aufrecht dastehendes und klar geformtes freundliches Lämmchen. Das Kind schloß sich rasch an das neue Tier an. Obwohl wir sonst nichts in der Behandlung änderten, begann das Kind schon nach wenigen Tagen mit Vergnügen zu essen, wurde bald kindlich fröhlich, stellte sich auf und vergaß die alte Haltung ohne unser Zutun. – Der Wandel reichte bis in die Tiefe der kleinen Person. Er war für uns nach der langen vergeblichen Bemühung schön, fast erschütternd, – für die Mutter unfaßlich. Diese glückliche Entwicklung wurde seitdem zu Hause nicht mehr unterbrochen.«

H. H. Schöffler schreibt dazu:

»Dieses klinische Beispiel zeigt mit tragischer Deutlichkeit, wie stark das Kleinkind die Außenwelt nur ungeprüft passieren läßt und sofort in die unterbewußten Tiefen seines Stoffwechsels versenkt. Alle Außenwelt, ob sie nun in motorischer Form oder als unbewegtes Abbild einwirkt, wird so zum Prägesymbol für den Aufbau der Leiblichkeit.«

Wo nicht der Mensch das Du des Menschen ist, entsteht Unmenschliches, Auswüchse der vom Menschen abgewandten »Liebe«. Der Abweg führt zu den kostbaren Marmormonumenten für Schoßhündchen auf den Tierfriedhöfen großer Städte – oder zu den aufblasbaren Sex-Puppen für schwer gestörte erwachsene Menschen. Ein Kind, dessen »einziger Freund« eine Puppe oder ein Teddy ist, befindet sich in einer Notlage und braucht Hilfe. Nie und nimmer kann eine Puppe einen Menschen ersetzen, wo es sich um das Du handelt.

Wenn ein Kind sich bei der Puppe oder beim Teddy über die Mama beschwert, dann ist nicht die Puppe sondern die Mama die Bezugsperson. Die Puppe jedoch ist eine Ich-Puppe; denn über seine allerliebste Mama kann man sich eigentlich höchstens bei sich selber beschweren. Außenstehenden gegenüber kritisieren kleine Kinder ihre Mutter in der Regel nicht.

Ehe wir uns den »dritten Personen« zuwenden, sollen die Wir-Puppen vorgestellt werden. Besonders häufig sind es Einzelkinder, die sich durch – oft recht zahlreiche

– Wir-Puppen Verstärkung und Ansehen schaffen. Wir-Puppen werden gut versorgt, und am liebsten möchte man sie an allem teilnehmen lassen. Bei brütender Hitze kam ich in ein Haus und fand die gesamte Puppenschar der einzigen Tochter nackt bis auf den Slip – natürlich, wo es doch so heiß war! Eine Ich-Puppe mag ein ganz verborgenes Dasein führen, die Wir-Puppen stellen sich der Welt. Eine große Zahl von ihnen besaß ein Kind, das wesentlich ältere Zwillingsschwestern hatte. Sehr begreiflich: bei der innigen Verbundenheit der Zwillinge fühlte es sich bei aller Liebe ein wenig ausgeschlossen. Um so feierlicher mußte jeden Abend die Puppenschar umständlich ins Bett gelegt werden. Eine Großmutter gab zu bedenken, ihre Enkelin habe zwei jüngere Brüder und dennoch eine Reihe Puppen, die sie genau so behandle, wie es eben für Wir-Puppen geschildert wurde. Dann *sind* es auch Wir-Puppen. Wäre es denkbar, daß der Vater der drei Kinder zuweilen zu seinen kleinen Söhnen stolz und kameradschaftlich »Wir-Männer!« sagte? Jene Großmutter stutzte: »O ja! Und nicht nur das, er sagt auch gerne: ›Wir sind ja jetzt in der Überzahl!‹« Was blieb denn da dem Mädchen anderes übrig, als sich ebenfalls eine »Überzahl« zu schaffen?

Wo Wir-Puppen auftreten, sollte man die Ursache wenigstens kennen. Man sollte zur Kenntnis nehmen, daß sich hier jemand, ob zu Recht oder zu Unrecht, majorisiert fühlt, und man sollte wissen, warum.

Ist die Du-Puppe ein Notsignal, die Ihr-Puppen sind

es glücklicherweise nicht, obwohl auch sie einen Ersatz für menschliche Gesellschaft darstellen. Sie ersetzen ja nicht die *eine* Bezugsperson, sondern stehen für eine Gefolgschaft, für Spielkameraden, kleine Geschwister. Hat man von diesen keine ausreichende Anzahl zur Verfügung, nun, so müssen eben die Puppen herhalten. Sie sind dann die Schüler beim Schulespielen, können bei Aufführungen stumme Rollen übernehmen. Eine junge Frau erzählt, sie habe ihre Teddys zu recht naturalistischen Doktorspielen gebraucht: Sie habe ihnen öfters die Bäuche aufgeschnitten, um den Blinddarm zu entfernen. Hinterher wurden sie dann sorgsam vernäht und verpflastert. Auch sammelte sie mitleidig Puppen und Tierchen, die die Brüder im Garten, womöglich sogar im Regen, hatten herumliegen lassen, und wärmte und tröstete die armen verdreckten Wesen in ihrem Bett.

Meine Schwester wollte von jeher Kinderkrankenschwester werden. Sie besaß eine Puppenapotheke, und es konnte vorkommen, daß sie nicht nur ihre eigenen Puppen mit Verbänden und Schwitzpackungen in die Betten steckte, sondern sich meine Abwesenheit zunutze machte, um auch meine Puppen in Eile krank werden zu lassen und zu verpflegen. Bei der Heimkehr war ich empört: Über Masern und Keuchhusten *meiner* Puppen hatte *ich* zu bestimmen, und im Augenblick jedenfalls waren sie *nicht* krank! Ich riß sie aus den Betten und zog sie an – ungeachtet des jammervollen Protestes der Kinderschwester.

Die Er-Sie-Es-Puppe, geliebt, gehaßt, geduldet, mit dem Gesicht zur Wand gestellt, begraben unter Bauklötzen oder gar im Garten: Plötzlich ist in das Puppenspiel etwas eingebrochen, das unsere Wachsamkeit erfordert. Das ist nicht »gespielte Gesellschaft« wie die Ihr-Puppen. Das sind Stellvertreter, magische Doppelgänger *bestimmter* Menschen, denen man auf andere Weise nicht oder noch nicht beikommen kann. Hier ist nicht die Puppe »gemeint«, sondern der entsprechende Mensch.

Menschen früherer Zeiten haben versucht, Feinde oder jagdbares Wild in ihre Gewalt zu bekommen, indem sie sich mehr oder weniger deutliche Abbilder herstellten und diesen etwas antaten: ein Wachsbild durchbohrten, auf Höhlenzeichnungen schossen. – Solches Tun gehört der magischen Epoche an und kommt im Leben der zivilisierten Erwachsenen höchstens als abergläubisches oder scherzhaftes Relikt vor. Viele Kinder machen eine magische Epoche in ihrer Entwicklung durch und lösen Konflikte an einem Ersatzobjekt.

Mimi – wollen wir sie nennen, konnte mit ihren zwei Jahren tadellos sprechen. Daher haben wir die Geschichte überhaupt erfahren. Mimi war mit ihrer Mutter bei einer befreundeten Familie eingeladen. Dort wurde sie mit Alexander über ein Spielzeug uneins. Doppelt so alt wie sie und fast doppelt so schwer, benützte dieser sein Übergewicht und verdrosch die kleine Prinzessin zu deren jammervollem Entsetzen. Nie wieder wollte sie dorthin, gab sie auf dem Heimweg bekannt.

Aber dann begann sie zu zaubern und machte ihren Gegner aus der Ferne durch Magie unschädlich. Erst wurde sein Name halbiert: »Xander«, das war genug. »Xander«, hörte die Mutter ihre Tochter sagen, »zieh doch nicht immer an mir; Mimi muß doch kochen!« Er war also bereits Mimis »Kind«. Aber er mußte noch kleiner werden. Mimi knöpfte Knöpfe zu und ein Knopf war Xander: »Xander, jetzt geh endlich in das Loch rein! So, jetzt bist du in dem Loch drin, und da bleibst du auch drin!« Damit war Alexander auf magischem Weg überwunden und ungefährlich gemacht. Als die Kinder wieder zusammenkamen, hatte Mimi keine Angst mehr, und er hütete sich, ihr etwas zuleid zu tun.

Was dieses kleine Mädchen von sich aus getan hat, ist eine wohlbekannte Erscheinung in den Behandlungszimmern der Spieltherapeuten. Sie sehen es als wichtigen Fortschritt an, wenn ein verstörtes Kind irgendein Spielfigürchen mit einem gefürchteten Menschen identifiziert und für das bestraft, was der Betreffende ihm angetan hat. Eine Heilung durch Spiel beschreibt – den Behandlungsunterlagen folgend – Virginia Axline.[19]

Der kleine Dibs kauert vor der Behandlung stets als unansprechbares Bündelchen in einer Ecke des Kindergartens und reagiert auf jede Annäherung entweder wortlos ablehnend oder aggressiv mit Schlagen und Kratzen.

Seine Familie schämt sich seiner und lehnt ihn ab, stimmt aber einer Behandlung durch Spieltherapie zu.

In weniger als einem halben Jahr bei nur einer Spielstunde in der Woche gelingt die Heilung. Dibs sucht aus einer Vielzahl von Figürchen »Papa«, »Mama« und »Schwester« aus und setzt sich mit ihnen auseinander. Wie Klein-Mimi den großen Alexander, so verkleinert und demütigt er vor allem den besonders verständnislosen »Papa«. Die Heilung eines so schwer geschädigten Kindes durch nichts anderes als Spiel, das von der Psychologin nur durch bestätigende Bemerkungen begleitet wird, gibt zu denken. Das Buch liest sich leicht, und man kann auch für den Umgang mit gesunden Kindern daraus lernen.

Freundliche Spiele mit Er-Sie-Es-Puppen kommen auch vor und sind manchmal drollige Liebeserklärungen. Wo aber ein Kind eine Puppe mißhandelt, sollte man ergründen, wer gemeint ist. Ein aufmerksamer Erzieher wird die Zeichen zu lesen verstehen und womöglich eingreifen, ehe ein Unheil geschieht, sei es dem Kinde oder durch das Kind.

Eine kleine Schwester ist auf die Welt gekommen. Von da an wird der noch nicht dreijährige Bruder in den Kindergarten gebracht. Die Mutter wendet all ihre Liebe und Sorge auf das Töchterchen, den Sohn lehnt sie mehr und mehr ab. Da fängt er an, im Kindergarten die Babypuppe zu mißhandeln, sie wieder und wieder gegen die Wand zu werfen. Die anderen Kinder sind erschrocken und empört, sie trösten, verpflastern und bandagieren das mißhandelte Baby. Die Kindergärtnerin gerät in große Sorge. Sie versucht, die Mutter dahin zu bringen, daß sie sich dem Sohn wieder mehr zuwendet – vergeblich! Eine direkte Warnung hätte womöglich nur die Abneigung vertieft. Eines Tages passiert es: Die Mutter hat die beiden Kinder allein im Zimmer gelassen, sofort reißt der Bruder die Kleine aus dem Wagen und versucht, ihr Köpfchen auf die Tischkante zu schlagen. Er ist nicht stark genug, die Mutter kommt rechtzeitig dazwischen und bringt ihn – gründlich verprügelt – in den Kindergarten, wo sie alles in seiner Gegenwart (!) der Kindergärtnerin erzählt und schließt: »Ich könnte ihn kaputtschlagen und möcht ihn am liebsten gar nicht mehr haben! Wollen Sie ihn?« – Ja, sie wolle ihn und habe ihn lieb, meinte die Kindergärtnerin.

Auch ein unsichtbarer Spielgefährte kann genau wie eine Puppe jede beliebige Rolle übernehmen, kann Ich, Du, jemand Bestimmtes, jemand schlechthin, Wir, Ihr sein.

Das unsichtbare Wesen, das in Merchweiler in einem mit Stuhl und Hocker möblierten Kleiderschrank von meinem Enkel häufig besucht wurde, war – ich!

Der Schrank war »Völklingen«, und der Kleine – es war in den Wochen um den dritten Geburtstag herum – führte lange Gespräche mit der unsichtbaren Großmutter. Als seine Mutter einmal sagte: »Da will ich gelegentlich Mutti fragen«, meinte er dienstbereit: »Ich gehe sie schon fragen!«, krabbelte in den Schrank: »Großmutter, die Mama will gern wissen...«

Die Gesamtheit der Puppen, die ein Kind kennt, sind, ob sie nun ihm selber oder den Freunden gehören, »Sie-Puppen«, eben Bekannte. Durch Aussehen und Tradition haben sie ihren Charakter oder Gruppencharakter erhalten, der respektiert wird, es sei denn, sie haben im Lauf der Zeit oder auch nur eines Spiels eine andere Rolle zu übernehmen. Die Ich-Puppe mischt sich in ihre Reihen, der Übergang zu Wir- oder Ihr-Puppen ist fließend. Unversehens, wenn auch nie ohne triftigen Grund, wird eine Er-Sie-Es-Puppe herausgelöst und gehört nicht mehr dazu, solange sie ihre dramatische Rolle spielt.

Zu den Sie-Puppen gehören auch jene geschonten Prachtpuppen, die, von Generationen geliebt und bewundert, oft ein Jahrhundert überdauern. Nur sonntags oder als Belohnung für besonderes Wohlverhalten wurde bei uns die Puppe Anna aus dem Schrank gegeben. Sie stammt aus der Mitte des vorigen Jahrhunderts. Ihre erste Besitzerin starb als junge Frau, und die zweite Frau ihres Mannes schenkte die Puppe dann meiner Tante. Auch ich durfte als kleines Mädchen zuweilen mit ihr spielen: Ihr Körper ist mit feinem weißen Leder bezogen, ihr Gesicht ist aus Wachs, und die Arme sind aus Porzellan. Das empfindliche Wesen hatte schulterlange blonde Haare und ist im Stil seiner Zeit gekleidet. Die Haare sind inzwischen zum größten Teil ausgekämmt worden; auch weist die zarte Wachshaut viele Narben auf (vom Probieren, ob es wirklich Wachs ist!). Aber wie viele Kinder hat die wackere Anna in ihrem langen Leben erfreut! Drei Schwestern wurde sie nur in Krankheitsfällen als Krankenbesuch gebracht. Das sei etwas ganz Besonderes, Unvergeßliches gewesen, erinnern sie sich. Heute lebt die Puppe Anna – immer noch hoch in Ehren gehalten – in einer Familie mit sieben Kindern.

Puppen – wenigstens solche, mit denen schon einmal jemand gespielt hat, die ein wenig lebendig sind oder es doch einst waren – können für ein Kind, das sie nicht kennt, zumindest das sein, was unbekannte Menschen für uns sind: *jemand.* Weniger im Trubel der Städte, wo man den Menschen vor lauter Leuten kaum wahrnimmt, als auf einsamen Wanderwegen, ist uns der begegnende Unbekannte *jemand,* den wir grüßen, mit dem wir vielleicht ins Gespräch kommen und von dem wir schließlich freundlich auf Nimmerwiedersehen Abschied nehmen. So verläuft auch die Begegnung eines Kindes mit der fremden Puppe, sei es beim Übernachten im Zimmer eines anderen Kindes, beim Kramen in Kisten und Kasten oder im Wartezimmer der kinderfreundlichen Ärztin, wo Puppen die kleinen Patienten trösten und ablenken.

Als ich einst in einer Ausstellung selbstgemachter Spielsachen aus etwa hundert Jahren die Aufsicht führte, war einmal ein Mädchen von sechs bis sieben Jahren die einzige Besucherin. Nach einem kurzen Rundgang fragte sie höflich, ob sie eine der ausgestellten Puppen in den Arm nehmen dürfe. Sie durfte. Annele mit dem freundlichen Holzköpfchen wurde losgebunden und ihr übergeben. Nun zeigte und erklärte das Kind der Puppe ausführlich all die vielen Spielsachen – genau wie unsereiner es mit einem fremden Menschenkind machen würde, das er einsam in einer solchen Ausstellung anträfe.

Mit Ausnahme der Sie-Puppen, die nur sie selber zu sein brauchen, haben die Ich-, Wir-, Ihr-Puppen wie auch die Er-Sie-Es-Puppen derart komplizierte und differenzierte Rollen zu spielen, daß man ohne weiteres einsieht: Je unbestimmter die Puppe selbst in ihrem Ausdruck ist, umso weniger Hindernisse setzt sie der kindlichen Phantasie entgegen. Man denke etwa an die Gesichtchen der frühen Käthe-Kruse-Puppen, die weder lachen noch weinen, denen also beides zuzutrauen ist. Eine Puppe mit allzu eindeutigem, charakteristischem Gesichtsausdruck ist zum Beispiel als zweites Ich weniger geeignet, wenn sie auch – in Ermangelung von etwas Besserem – oft dafür gebraucht wird.

Hier liegt eine der Ursachen für die Beliebtheit der Teddy-Bären: Ein Teddy schaut völlig indifferent drein, er grinst nicht und schmollt nicht. Das Plüschfell eines guten Teddy-Bären hält den Liebesbezeigungen einer Kindheit so ziemlich stand. Sein rundes Bäuchlein läßt ihn fest im Kinderarm liegen. Puppen ohne Mitte, also mit schlaffem Leib, werden nicht geliebt. Daß der Teddy ein »Bär« ist, stört die Kinder nicht, ermutigt jedoch die Erwachsenen, ihn auch kleinen Buben zu schenken, deren einzige Puppe er dann ist.

Solide Puppen mit angedeuteten Gesichtern kann man aus Trikot und Wolle selber machen oder aber als Waldorfpuppen kaufen.

Deutlich, charakteristisch, einen bestimmten Wesenszug verkörpernd, sollen dagegen die Kasperlepuppen sein. Hier ist das vielschichtige Menschenwesen aufgeteilt in einzelne Puppen mit streng festgelegtem Charakter. Erst die ganze »Kasperle-Familie« zusammengenommen ergibt einen kompletten Menschen. »Ein Mensch ist mancherlei...« beginnt die Antwort des weisen Spielzeugmachers auf Mouches Frage an die Kasperpuppen: »Aber wer seid ihr denn alle?« (Gallico[15]).

Nach dem vorzüglichen Lux-Lesebogen »Kasperl« von Hans Purschke[20] werden hier die wichtigsten Personen des Kasperlespiels geschildert.

Zuerst der Kasperl:

»Er ist ein stets vergnügter, lebendiger, fröhlich-frecher und immer zu Streichen aufgelegter Kerl, der mit einem Lachen das Leben meistert und es nur durch die rosarote Brille sieht. Er glaubt an das Leben, vertraut auf sein Glück, ist sorglos und ohne Probleme – er ist der lachende Lebensphilosoph, das Sinnbild unbedingter Lebensbejahung.

Er ist aber auch ein Strick und ein Schelm, der es faustdick hinter den Ohren hat, pfiffig und schlau, hat Mutterwitz und gesunden Menschenverstand. Er läßt sich nicht überlisten und wird mit jedem fertig. Wenn er noch so sehr in der Klemme sitzt, er weiß einen Ausweg und bleibt Sieger.

Er ist ein Draufgänger, furchtlos und mutig, er kämpft für das Gute, für Recht und Wahrheit. Für ihn gibt es keine Hindernisse, und er lacht Gefahren und bösen Mächten ins Gesicht und ist durch sein Lachen immer überlegen.

Er ist ehrlich, gerade und offen, nie boshaft oder hinterlistig, er kämpft auch immer nur mit rechten Mitteln. Wenn es aber gar nicht mehr anders geht, dann hilft er mit der Pritsche nach. Er ist nicht auf den Mund gefallen, ist schlagfertig und nie verlegen. Er nimmt sich auch kein Blatt vor den Mund und sagt jedem die Wahrheit ins Gesicht. Für ihn gibt es keine Unterschiede, auch dem König sagt er seine Meinung.

Er macht sich über alle lustig, ob arm, ob reich, verulkt die Menschen, schüttelt und zaust sie und lacht über ihre Schwächen. Aber es ist keine Schadenfreude. Er spottet nicht um des Spottes willen, er hält ihnen nur den Spiegel vor die Nase und wäscht ihnen den Kopf.

Er ist der einfache Mann aus dem Volke, ist naiv, aber nicht dumm, ist derb und urwüchsig, aber nicht grob. Er hat Verständnis für die Nöte und Schwächen der Menschen, weil er einer der Ihren ist. Er ist Materialist, nüchtern und praktisch, und er weiß auch, daß man mit leerem Bauch nicht weit kommt, aber er ist kein Säufer, Fresser und Tagedieb.

Das ist Kasperl! Hierbei ist es gleichgültig, ob man ihn

nun Kasperl nennt oder anders. Hauptsache ist, er ist dem Spieler auf den Leib geschnitten, ist echt empfunden und gut gespielt.

Er hat ein goldenes Herz, ist hilfsbereit und hat auch tiefsittliches Empfinden. Er schulmeistert nicht, sondern lebt vor.

Dieser Kasperl also ist die Visitenkarte des Spielers. Wie er aussieht und spielt, danach wird die Bühne beurteilt. Alle Liebe und alles Können steckt man in den kleinen Burschen. Vorschriften für sein Aussehen gibt es nicht. Jeder empfindet ihn anders. Die große häßliche Hakennase des Volkspuppenkasperls, die er mit seinem englischen Vetter Punch gemeinsam hat, wollen wir ihm nicht geben. Dazu haben wir ihn zu lieb. Sein Alter ist schwer zu bestimmen. Er ist jung, kein Kind mehr, aber auch noch kein Mann. Er ist noch nicht ausgewachsen, deshalb kommt er auch den Kindern so nahe. Sein Kleid ist bunt – meist herrscht Rot vor –, er trägt eine Zipfelmütze mit einer Kugel oder Quaste, die er lustig herumwirbeln kann. Schellen geben wir ihm nicht, denn er ist kein Narr. – Vater, Mutter oder Geschwister hat er nicht, dafür aber eine gute

Großmutter,

die er liebt und für die er alles tut. Sie hat ihre liebe Not mit dem Schlingel, der ihr ans Herz gewachsen ist. Immer lebt sie in Sorge um ihn, denn sie kennt ihn und fürchtet, daß er sich in zu große Gefahren begeben könnte. Sie erteilt ihm darum stets gute Lehren, und Kasperl holt sich auch Rat bei ihr, denn sie kennt sich wie alle Großmütter im Märchen gut aus. Verheiratet ist Kasperl meist nicht. Dafür wäre er ja zu jung. Aber er hat seine

Gretel

gern, die ihm bei allem tapfer hilft. Er ist für sie alles; was er sagt und tut, ist gut und recht. Wenn es aber nötig ist, so putzt sie ihn auch gehörig zusammen. Sie ist fleißig und hat alle Tugenden einer guten Hausfrau. Oft bekommen die beiden sich auch am Schluß eines Spiels, oder Gretel sagt, daß sie Kasperls Frau werden will. Kasperls unzertrennlicher Freund ist der

Sepperl.

Er ist der unentwegte Helfer und macht bei allen Streichen und Kämpfen begeistert mit. Er flunkert gern und geht oft auch auf eigene Faust aus, gerät dann aber stets in die Patsche und muß von Kasperl herausgeholt werden.

Die Gegenspieler und Vertreter des Bösen im Spiel entstammen fast alle dem Märchenreich. Ein ausgesucht scheußliches Exemplar ist die

Hexe.

Sie ist voll Falschheit, Heimtücke, Niedertracht und Habgier. Sie sinnt nur Böses und sucht mit heuchlerischer Liebenswürdigkeit jeden in die Falle zu locken.

Zeigt sie ihr wahres Gesicht, dann ist sie das grüne Gift selbst. Kasperl aber kommt immer hinter ihre Schliche, wobei ihm oft ihre Eitelkeit hilft. Wenn er ihr sagt, wie schön sie sei, läßt sie sich um den Finger wickeln. Im allgemeinen aber macht er keine langen Geschichten und vermöbelt sie so, daß sie ganz zahm wird und auf Nimmerwiedersehen verschwindet... Es darf keine Vermischung von Gut und Böse geben. Die Hexe als Verkörperung des Bösen schlechthin ist unwandelbar böse. Eine gute und schöne Hexe ist undenkbar, dann wäre sie eben keine Hexe mehr.

Der Teufel

ist die Versuchung zum Bösen, der Abgesandte der Hölle, der allen auflauert, um sie mitzunehmen, wenn sie für die Hölle reif sind. Ewig ist er hinter Kasperl her, muß aber stets mit leeren Händen abziehen, oder er irrt sich auch mal und nimmt versehentlich statt des Kasperls die Hexe mit. Er ist rot oder schwarz, soll aber nicht furchterregend aussehen.

Der Räuber

kann einem trotz seines Gröhlens und Drohens keine Angst einjagen. Er sieht komisch und fürchterlich aus. Es ist aber halb so schlimm mit dem Wüterich. Er stiehlt zwar unverschämt und erbarmungslos und ist ein Bösewicht durch und durch, aber er ist nicht blutgierig, nicht brutal-grausam, sondern spricht nur immer von seinen furchtbaren Absichten. Hinter seinen prahlerischen Worten verbirgt sich die Angst; er kommt auch nie mit heiler Haut davon und nimmt meist ein böses Ende.

Die übrigen Herrschaften:

Wesentlich einfacher, aber ebenso bunt ist die andere Welt: der gutmütige, runde *Papa König;* die schöne, zarte *Prinzessin,* der Liebling der kleinen Mädchen, die gerettet und erlöst wird und am Schluß den Kasperl oder einen *Prinzen* heiratet; der hochmütige, selbstsüchtige und unehrliche *Minister* oder Hofmarschall, nach oben unterwürfig, nach unten rücksichtslos, ein echter Ränkeschmied, der Kasperl nicht ›schmecken‹ kann, von ihm aber entlarvt und zum Teufel gejagt wird.«

Hier im Puppenspiel ist der Charakterkopf am Platze, hier wird am überdeutlichen Beispiel etwas begründet, woraus sich später Menschenkenntnis entwickeln kann. Menschenkenntnis, Mut und Gleichmut bei Schicksalsschlägen, Zuversicht und Vertrauen in die eigene Kraft. Denn das Kind identifiziert sich natürlich mit dem Kasperle. Es kämpft und siegt mit ihm.

PUPPEN AM WEG IN DIE GESELLSCHAFT

Unbestimmt und somit offen für viele Rollen soll die Puppe sein. Überdeutlich dagegen und für eine bestimmte Rolle geprägt, erscheinen die Kasperlefiguren in ihrer Einseitigkeit als Teile *eines* gewissermaßen nach außen gestülpten menschlichen Seelengefüges. Da eine jede von ihnen nur *einen* Charakterzug verkörpert, sind sie im besten Sinn Karikaturen. Ihrer Schönheit, ihrem künstlerischen Wert sind nach oben keine Grenzen gesetzt. Im *übrigen* jedoch gehören Karikaturen im landläufigen Sinn als lächerliche Spottbilder von Mensch und Tier *nicht* in die Kinderstube.

Wohin soll es führen, wenn das Zerrbild angeboten wird, ehe das richtige Bild überhaupt bekannt ist und lange bevor ein Maßstab erworben wurde, an dem die Verzerrung als solche erkannt werden kann! Der Umgang mit Karikaturen kann ein Kind schädigen. Was uns Erwachsenen nur drollig vorkommt, kann es innerlich verformen und verbilden.

Verbannen wir also alle die grinsenden, schielenden Scheusale aus Plastik und Plüsch aus der Nähe unserer kleinen Kinder, und hängen wir ihnen keine Walt-Disney-Figuren an die Wand!

Auch eine Figurentapete ist fürs Kinderzimmer nicht geeignet. *Ein* wirklich schönes Bild, ein Wandbehang bieten dem Kind mehr als hundertmal die gleiche alberne Katzenszene.

Man braucht nicht zu fürchten, Kinder könnten durch den Anblick eines wirklichen Kunstwerks überfordert werden. Sie nehmen davon nicht mehr auf, als sie verkraften können.

Um den Kindern statt der unbedarften seicht-dümmlichen Bilderbücher, die sie vorgefunden hatte, kräftigere Kost zu bieten, hat eine Kindergärtnerin alte Kunstkalender gesammelt und die Bilder – auf festes Papier aufgezogen – zu soliden Kunstbänden für Kinder zusammengestellt und gebunden. Schon Dreijährige betrachten begeistert die alten und neueren Kunstwerke.

»Das Schönste werde dem Auge zuerst gegeben, verschont die schwangere Kindesseele mit Mißgestalt und Mißgetön« (Jean Paul).

Verschont sie! Dazu ist zuweilen allerhand Mut und auch Takt erforderlich, je nachdem, wer der Spender eines solchen Kinderstubengreuels ist. Im Zweifelsfalle geht das Interesse des Kindes vor. Man unterschlägt das Scheusal und bringt dem Spender vorsichtig bei, er möchte ein andermal z. B. einen Ball mitbringen – damit ist nichts zu verderben. Es gibt auch selbstlose Kinderfreunde, die den Eltern die Wahl der Geschenke überlassen und ihnen ab und zu Geld dafür überweisen. Aus meiner Kindheit sind mir wunderbare Geschenke in Erinnerung, die je nach dem Spender als ein »Michel-Späßle« oder ein »Tante-Julie-Späßle« angekündigt wurden und uns mit tiefer Dankbarkeit für die fernen Spender erfüllten.

Je mehr man darüber nachdenkt, wie Puppen beschaffen sein sollten, um so betrübter stimmt der Anblick des üblichen Angebots in den Puppenabteilungen unserer Kaufhäuser.

Das große Geschäft wird eben leider nicht mit denjenigen Puppen gemacht, die die vorzüglichsten Spieleigenschaften haben: fast unverwüstliche Dauerhaftigkeit, die richtige Größe und das dazu passende Gewicht (eine leere Plastikblase wird sich nie so richtig in den Arm schmiegen!), harter Kopf, weiches Bäuchlein – gibt vorzügliche Puppen! In exklusiven Fachgeschäften kann man sie kaufen für einen Preis, den die Kunden allenfalls für eine elektrische Lokomotive anlegen mögen. Eine echte Käthe-Kruse-Puppe hält ohne weiteres den Liebesbezeigungen und Unfällen einer ganzen Kindheit stand. Das gleiche gilt von gut gearbeiteten Holzpuppen, nur muß da der Stoffkörper eventuell nach ein paar Jahren neu überzogen oder ersetzt werden.

Was jedoch die Regale und die Kassen füllt, sind vergängliche, kaum reparierbare Puppen, die nur zum Teil diesen Namen verdienen, also etwas Verpupptes aufnehmen können. Schon die Schlafaugen sind zuviel Mechanik – lobte doch ein kleines Mädchen: »Mein Dieterle braucht nicht immer gleich einzuschlafen, das kann auch mal wach liegen!« Leider sind aufgemalte Puppenaugen oft die von Kindern gehaßten, zur Seite schielenden »Schelmenaugen«, die wieder mal nur Erwachsenen zu gefallen scheinen. Das Kind will seiner Puppe Auge in Auge gegenüberstehen.

Gehen, sprechen, weinen, lachen, essen, trinken, naß machen, erröten, Fieber kriegen, an der Sonne braun werden – *das kann jede Lumpengretel in der Hand des Kindes, jede nette einfache Puppe.* Die Maschinenbälger auf dem Spielzeugmarkt können es viel schlechter und reizen jeden größeren oder kleineren Bruder zum Aufmachen und Nachsehen – und mit Recht!

Denn das sind keine Puppen, sondern eben Automaten, deren Automatik keinen Raum läßt für das Stück Kindesseele, das sich verpuppen will.

Für eine perverse Ungeheuerlichkeit halte ich Puppen, die weinen können, wobei dann »richtige« Tränen kullern. Das ist ja eine Anleitung zum Sadismus! Man stelle sich bloß vor: Eine Mutter macht absichtlich etwas an ihrem Kind, *damit es weint,* um sich und ihre Freundinnen zu amüsieren! Ein wehrloses »Kind« wird zum Spaß zum Weinen gebracht: Das ist grausamer, als wenn im Märchen die böse Hexe in den Backofen gestoßen wird, in dem sie die arme Gretel backen wollte.

In dem romantischen Märchen »Gockel, Hinkel und Gackeleia« von Clemens Brentano kommt der Satz vor:

»Keine Puppe, es ist nur
eine schöne Kunstfigur.«

Und wer die Geschichte kennt, weiß, welches Unheil jene Kunstfigur über das arme Kind brachte.

Seltsamerweise wirkt eine Puppe um so toter, je mehr mechanisches »Leben« in sie verbaut wurde. Der Eindruck ist dann roboterhaft, oder bei größerer »Naturechtheit« sogar leichenartig.

Auf einem Kaufhaustisch voller Puppenkleider lag einsam eine Babypuppe. Ich tupfte sie im Vorbeigehen mit dem Finger aufs Kinn; da fing doch der Balg an, mit zahnlosem Mund zu mümmeln und zu kauen – – es war zum Fürchten! Eine junge Frau schrie erschrocken auf und sagte dann, das komme ihr vor wie ein elektrisierter Leichnam. Makaber, makaber! – und das für unsere lieben Kleinen!

Nicht grauenhaft, sondern glücklicherweise nur blöd und oberflächlich sind die kurvenreichen Teenager und flotten Twens, über die Harlacher[1] schon 1967 so hübsch schreibt:

»Und jetzt steht noch jemand vor der Tür und begehrt Einlaß in die Kinderstube: Barbie (Skipper, ›Petra‹).

Begehrt? Ist längst drin – im Geschäft –, mit einem jährlichen Gewinn von nahezu einer Milliarde Dollar, mit einem Werbeaufwand von 12 Mill. Dollar. 800000 Mitglieder zählt der Barbieclub allein in USA. In Schweden wurden an 350000 Mädchen 471000 Puppen und 1775000 dazugehörige Kleider verkauft. Diese Puppe ist nicht für die Kinder entworfen, sondern *für das Geschäft mit Kindern*. Mit ihr wird die Unwissenheit der

Eltern ausgenützt, und deren Gleichgültigkeit leitet das Wasser auf die Mühlen jener Kreise, welche die Jugend nicht mehr wachsen lassen und bilden wollen, sondern an ihr verdienen, ehe sie innerlich gefestigt und allen kommerziellen Schlichen gegenüber ›fit‹ sein kann. Man hat schon gesagt, wenn es einen Puppenhimmel und eine Puppenhölle gäbe, käme Barbie in die Hölle.«

Ich kannte zwei kleine Zelluloidpüppchen, die hatten »alles«, die passende Kleidung für jeden Anlaß, Schulranzen, Koffer, Rucksäcke, Sportausrüstung – und alles hatten die beiden begabten Puppenmütter selber aus Abfallmaterial gebastelt und genäht. Welch eine Gelegenheit, verschiedene Techniken zu erproben und Handfertigkeiten zu üben, gegenüber dem Stumpfsinn, sich zu Weihnachten mal wieder für weitere fünfzig Mark Barbie-Ausstattungsstücke zu wünschen!

Im übrigen ist die Puppe mit der tollen Ausstattung wahrlich keine neue Erfindung. Nur waren derlei Puppen früher keine Massenware und die Ausstattung wertvolle Handwerksarbeit. Christa von der Marwitz[21] schildert ihr »Pariser Püppchen«, das ihr Urgroßvater 1866 seinen Kindern von der Weltausstellung mitbrachte: Die vornehme Pariserin mit ihrer vielbewunderten Aussteuer von Kreationen aus Seide, Wolle, Leder und Wachstuch habe die stürmische Liebe von vier Generationen überdauert. »... Ein Südwesterhütchen passend zu einem eher sportlich zu nennenden Kleidchen ganz in beige und braun gehalten. Ein kleines Köfferchen und eine Schultasche mit winzigen Heftchen, die französischen Lektionen in noch winzigeren Buchstaben geschrieben, gehören ebenso zu ihrer Aussteuer wie ein zierliches Müffchen mit dazu passender Boa, alles aus Schwanenfedern gefertigt und in leuchtend blauer Farbe gut passend zu dem blauen Staatskleid mit einem Überwurf aus isabellenfarbener Spitze...«

»Barbies« Staat ist nicht so dauerhaft – wo bliebe da sonst das Geschäft!

Von »Barbie« und ihren geschäftstüchtigen Schwestern ist es nur ein kleiner Schritt bis zu der großen Renommierpuppe, jenem lebensgroßen Monstrum mit der kostspieligen Ausstattung, das gehen, tanzen, sprechen und was weiß ich noch alles kann. Es ist die Puppe, die jedes Mädchen in dieser Straße spazierenfährt, seinen Freundinnen vorführt, bewundern läßt – sogar den Kaufpreis wissen die Kinder. Der Besitz einer solchen Puppe kann die Voraussetzung sein, um überhaupt in dieser Wohlstands-Kindergesellschaft voll genommen zu werden. Zu Hause wird das teure Stück dann vorsichtig in Bettchen oder Stühlchen beiseite geschoben; und das kleine Mädchen spielt erleichtert mit den Puppen, die es liebt. – Hoffentlich!

Von der Mode diktiert und von unserer Wohlstandsgesellschaft gefördert, ist die Renommierpuppe doch nur das Scheinbild einer Puppe. So verpuppt sich in ihr, verstärkt sich mit ihr auch nur das Scheinbild des Kindes, nicht sein Seelenwesen, sondern sein Image, das, wofür es gehalten werden will – wofür es vielleicht gehalten werden muß, um nicht als Außenseiter abgelehnt zu werden. In diesem Puppen-Surrogat sehen wir die erste Lebenslüge, die unserem Kind zugemutet wird. Man wird den Einwand hören: »Die Kinder wollen das.« – Schon möglich, daß diese Puppe heiß begehrt wird, fraglich, ob wegen der Puppe selbst oder wegen des mit ihr verbundenen Ansehens bei anderen Kindern. Ob das Grund genug ist, den Wunsch zu erfüllen, muß von Fall zu Fall mit Weisheit und Fingerspitzengefühl entschieden werden. Es kommt ja zuweilen vor, daß Kinder sich etwas Unzuträgliches wünschen. Aber wir füttern sie ja auch nicht mit allem, was sie haben wollen. Und ebenso, wie es Kinder gibt, die ganz genau wissen, welche Speisen ihnen zuträglich sind, so gibt es andere, die lehnen unbekömmliches Spielzeug ab.

Wo die Mütter ihrer Sache sicher sind und sich im eigenen Leben ihr Verhalten nicht von der herrschenden Meinung diktieren lassen, da werden auch die Kinder nicht ohne weiteres von geschmacklosem Spielzeug geblendet. Für ein kleines Mädchen wurde während einer qualvollen Krankheit eine Puppe angefertigt, der das Kind den eigenen Namen gab. Dieses Mädchen lehnt jede andere Puppe, die ihr seither geschenkt wird, schroff ab. Entweder heißt es: »Die Puppe will ich nicht«, oder das teure Geschenk wird gar vor den Augen des enttäuschten Spenders auf den Boden geworfen und darauf herumgetrampelt. Die Mutti kann dann sehen, wie sie ihren Gast wieder versöhnt, ohne allerdings je zu versuchen, dem Kind eine solche Puppe dann doch aufzudrängen.

Das Kind soll Freiheit fühlen. Es soll nicht Gewalt erleiden – weder durch die Eltern noch durch die Gesellschaft. Es ist eine Qual für ein Kind, wenn man es in eine Außenseiterrolle drängt, der es nicht gewachsen ist. Nicht dazuzugehören ist schmerzlich. In Kleidung und Haartracht wollen die meisten Kinder möglichst wenig von ihrer Gruppe abstechen. Allzu schlichte oder unmoderne Kleider mögen zwar der Mutter noch gut erscheinen, machen aber – trotz der »vorzüglichen Stoffqualität« – die Tochter zum Aschenputtel in ihrer Klasse. Ein noch so aparter gestickter Kittel, der während der Volksschulzeit den Spott der anderen Buben herausforderte, kann zu den bittersten Kindheitserinnerungen gehören.

Andererseits, der Junge, der sich unangefochten die Haare wachsen lassen durfte, wird seine schulterlange Lockenpracht nicht ewig mühevoll pflegen mögen. Er wird von selber kommen und sich sechs oder zwölf Zentimeter abschneiden lassen – schon aus Bequemlichkeit. Auf das befremdete: »Daß Sie ihm das erlauben!« pflege ich zu sagen: »Solange dabei weder seine Moral noch seine Gesundheit Schaden leiden – warum nicht?«

Unter Umständen kann ein Statusspielzeug der einzige Ausweg sein, um ein empfindsames Kind vor dem Außenseiterschicksal zu bewahren. Kinder sind verschieden. Was dem einen gut tut, kann dem anderen schaden. Selbst unter Geschwistern kann das eine sich immer nur seiner Gruppe anpassen wollen, während ein anderes genug Selbstvertrauen aufbringt, auch mal gegen den Strom zu schwimmen.

Januar 1969: In einer der ersten Schulstunden nach den Weihnachtsferien durften die Erstkläßler ihr schönstes Weihnachtsgeschenk mit in die Schule bringen. Eines der kleinen Mädchen zog stolz mit seinem neuen Webrahmen los. »Na, was haben denn die anderen Kinder bekommen?« erkundigte sich die Mutter beim Mittagessen. »O, Mami, die haben scheußliches Zeug gekriegt! Stell dir vor, Puppen, die albern schwätzen, und Puppen, die naß machen – scheußlich!« »Ja, hat denn keines etwas Schönes bekommen? War nicht auch etwas da, wo du gedacht hast, das hätte ich auch gern?« Das Kind dachte der Frage gründlich nach – dann kam es ganz überzeugt: »Nein, gar nichts!«

Das Ablehnen des Prestigespielzeugs – also der Hochmut des Nonkonformisten – spiegelt ebenso wie umgekehrt das Ablehnen des Spielgefährten, der *kein* solches Statusspielzeug besitzt – also der Hochmut des Konformisten –, meistens die Einstellung im Elternhaus wider.

Wenn der Nonkonformist sich über die öffentliche Meinung hinwegsetzt, so darf das nicht von vornherein als soziales Versagen mißdeutet werden.

Gerade das Mädchen mit dem Webrahmen hatte es sich damals zur Aufgabe gemacht, den von allen abgelehnten unartigsten und aggressivsten Jungen ihrer Klasse durch Freundlichkeit und winzige Geschenke zu »zähmen«. Sie meinte: »Der muß ja bös sein, wenn ihn gar niemand lieb hat.« Bei diesem Entschluß hatte die Mutter *nicht* mitgewirkt. Drei Jahre später zog dasselbe Mädchen sich wiederum das Mißfallen der Konformisten zu, weil sie diesmal dem derzeit ärmsten Schulkameraden – diesmal ist es das Kind eines asozialen Vaters – ihre Freundschaft zugewandt hat. Wenigstens ist dieser Schützling nicht aggressiv. Einfacher haben es bestimmt die Konformisten. Sie gewöhnen sich rechtzeitig daran, andere für sich denken zu lassen und keine eigene Meinung zu haben. Sie sind damit zufrieden, ihr Lebtag manipuliert zu werden.

Antoine de Saint-Exupéry nimmt im 71. Kapitel des Buches »Die Stadt in der Wüste«[22] zu dem Phänomen Stellung: »Ich verbiete den Kaufleuten, ihre Waren allzusehr anzupreisen. Denn sie entwickeln sich schnell zu Schulmeistern und lehren dich etwas als Ziel, was seinem Wesen nach nur Mittel ist, und da sie dich über den Weg täuschen, den du einschlagen mußt, erniedrigen sie dich gar bald; denn wenn ihre Musik gemein ist, verfertigen sie dir eine gemeine Seele, damit sie ihre Ware bei dir anbringen können. Es ist nun gewiß gut, daß die Dinge dazu geschaffen wurden, dem Menschen zu dienen; es wäre aber wider die Natur, wenn die Menschen dazu geschaffen wären, den Dingen als Müllkasten zu dienen.«

URERINNERUNGEN

Während im Mutterleib das Erdenhäuslein aufgebaut wird, der kleine Leib sich entwickelt und aus der Enge in die Weite strebt, kommt die Kindesseele aus der Weite der Ewigkeit in die Enge der Verkörperung. Die anfänglich wohl bei jedem Kinde vorhandene Erinnerung an den Glanz und die Herrlichkeit des vorgeburtlichen Daseins verblaßt meist sehr schnell:

»Wie's aussieht im ewigen Freudenhain,
dem Himmel, dem hohen, da oben,
das wissen die Kindlein, die kleinen allein,
sie kommen ja grade von droben.
Sie können's nicht sagen, unmündig und klein,
sie müssen's verschweigen indessen:
Und wachsen heran sie und plaudern sie fein,
dann haben sie's leider vergessen.«

(ROBERT HAMERLING)

Eine gewissenhafte Schilderung dieses Festhalten- und Aussagenwollens von Paradieseserinnerungen zieht sich durch das offenbar autobiographische Buch »Kirchstraße 22« von Maria Melchers.[16]

Immer wieder beschreibt die Autorin diese gegenläufige Entwicklung: Solange die Erinnerung da ist, fehlt dem Kind die sprachliche Ausdrucksmöglichkeit; und mit wachsender Mitteilungsfähigkeit fühlt es, wie das Mitzuteilende seinem Gedächtnis entschwindet.

»Marias erste Erinnerung ist, daß sie auf dem Absatz einer hohen Treppe steht, den Blick in die Tiefe gerichtet. Maria weiß, sie darf den Geländerstab nicht loslassen, sonst springt das Furchtbare sie an... Stärker jedoch als das Unfaßliche, Unheimliche, das aus dem Abgrund zu ihr emporgähnt, ist das Andere, das Vertraute, das schmeichelnd Lockende. Sie braucht nur die Innenfläche ihrer freien Rechten ein wenig zu wölben, die Hand ein bißchen zu heben, und es strömt mit dem Gefühl körperloser Leichtigkeit das selige Wissen in sie ein: Es war einmal, da schreckte sie keine Tiefe, da schwebte sie frei und leicht im lichtdurchfluteten Raume, in der Hand die große Kugel, und rings um sie her...

Ach, wie war es nur, das Unausdenkbare? Wann war es? Wo?

Das Köpfchen gegen das Geländer gelehnt, steht Maria und horcht in sich hinein. Ganz sachte wollen Wolken sich zerteilen, wollen lieblich heraufdämmernde Erscheinungen sichtbar werden, da greift wirklichkeitshart die mütterliche Hand in die erdentrückte Schau.

Liebevoll schilt die große, schöne Frau auf ihr Töchterchen nieder und ist überzeugt, daß es sie versteht. Was sie nicht weiß, ist, daß ihres Kindes Seele noch die feinen

Flügel besitzt, die hinwegzutragen vermögen aus der augenblicklichen Daseinsform, dorthin, wo des Ursprungs Schleier wallen, gewoben aus eingeborener Sehnsucht und traumhaft verblaßter Erinnerung, und daß das jähe, unbegreifliche Zurückgeholtwerden das schmerzliche Weinen auslöst, das lange nicht stille werden will...

Dem Kinde aber bleibt die Erinnerung von der Grenze des Zwischenlandes ein Leben hindurch erhalten.«

Zuweilen versucht das Kind etwas von diesem einst Gewußten auszusprechen, so beim Besuch einer Nachbarin, der ihr neugeborenes Kind gestorben war:

»...Kleine Kinder, die der liebe Gott fortholt –? Dunkel ist das alles, unfaßbar. Man möchte so viel fragen, doch das darf man nicht. Wenn große Leute reden, muß man ganz stille sein. Aber: – genug Engel im Himmel – das ist ein Satz, der wie Feuerbrand in die Seele fällt. Dazu muß man etwas sagen, auch wenn es verboten ist. ...›Frau Hamacher, – es ist so schön im Himmel – aber es sind nicht Engel genug! Es müssen mehr kommen, – immer mehr, – bis alle da sind.‹ ... Mama sagt leise: ›Was weiß so ein Kind von der rauhen Wirklichkeit!‹«

Später zeigt eine geliebte Tante der inzwischen Zwölfjährigen ein Kinderbild und sagt:

»›Das ist mein kleines, liebes Schwesterchen. Als es mit neun Jahren starb, hat es mir versprochen, es wollte wieder vom Himmel herunterkommen und mir sagen, wie es droben beim lieben Gott sei. Es hat sein Wort nicht gehalten, es hat mich vergessen.‹ Maria fährt herum, sieht die Tante mit dunkelleuchtenden Augen an, deren Blick wie aus weiter Ferne hergeholt ist, und sagt langsam und feierlich: ›Nein, nicht vergessen; nur so, wie du es gedacht hast, konnte es nicht sein. Das ist nicht nur dein Schwesterchen. Das bin auch ich. Und ich bin zu dir geschickt, es dir zu sagen, wie es beim lieben Gott ist. Es hat nur zu lange gedauert, bis ich es dir ausrichten konnte. Du hast nicht gewußt, was ich wollte, als ich noch klein war, und das war schade, denn nur solange man klein ist und keine richtigen Worte hat, weiß man wirklich alles von früher. Später muß man suchen und suchen und weiß nur noch: einmal war es herrlich, und es wird wieder einmal so herrlich werden, wenn die Seele kein Erdenkleid mehr anhat, wenn sie frei ist und die Menschen sagen, man ist tot. Sieh, das alles habe ich dir sagen müssen und habe es immer gewußt.‹...«

Nicht direkt die Erinnerung an die Ewigkeit, wohl aber an den Glanz, den dieses Noch-Daheimsein im Paradiese über die frühe Kinderzeit ausgießt, spricht Ernst Moritz Arndt aus in dem Gedicht »Als ich ein Kind war«, von dem hier die drei letzten Strophen folgen:

»Als ich ein Kind war,
was fand ich für Blumen!
Nicht bloß die blauen,
lieblichen Veilchen,
nicht dich, rote Rose,

Blumenkönigin, allein,
nicht euch, ihr schneeweißen
Unschuldskinder, Lilien, allein –
Ach, noch zehntausend
andere und andere
schöner und duftender
blühten da auch hier unten.
Wo sind sie blieben?

Als ich ein Kind war,
was hatt' ich für Gespielen!
War nie allein
einsam im grünen Wald,
einsam im Felde.
Wer warst du, bunte Blume?
Wer du, kleines Bäumchen?
Und du in den Zweigen,
singendes Vögelein,
waret ihr nicht Engel?
Freundliche Engel Gottes,
mitfühlend, mitspielend?
Ach, du, die so schön war,
junge, lebendige Welt,
so gingst du hin?

Als ich ein Kind war,
was hatt' ich für Träume!
Kann ich es nennen,
was Namen nicht hat?

Kann ich euch zeigen
unvergängliche Bilder
himmlischer Schönheit?
O, meine Sehnsucht
kennt euch noch, und die nimmer
rastende Liebe.«

Diese Urerinnerung wird erlebt und geht nach und nach verloren. Sie mag manche frühen Spiele beleben oder verklären.

Die nächste Urerfahrung jedoch, das Einziehen der Seele in den Erdenleib, die Verkörperung – die wird gespielt und immer wieder gespielt. Jedes Kind liebt es, in enge Behältnisse zu schlüpfen: in Winkel, Schränke, Fässer, Kisten, Kartons, Körbe. Leider auch in Kühlschränke, was immer wieder zu tödlichen Unfällen führt. Verschiedentlich begegnet man der Auffassung, dies sei ein Mutterleibspiel – das Kind spiele gewissermaßen sich selbst in der Enge und Geborgenheit des Mutterleibes vor der Geburt.

Das scheint mir in den seltensten Fällen zutreffend; *dieser* Seelenzustand dürfte am ersten auf Mutters Schoß, in Mutters Arm anklingen. In den Kartons wird ja herumgerutscht, in Fässern gerollt. Aus meiner eigenen sehr frühen Kinderzeit erinnere ich mich noch, wie ich immer wieder versuchte, mich selbst in Mutters Marktkorb herumzutragen; aus dem Format des Marktkorbs zu schließen, mag ich damals so zweieinhalb Jahre alt gewesen sein, höchstens drei. Meistens sind die Kinder bestrebt, sich in den engen Behältern häuslich einzurichten.

Gerda Scheer beschreibt in der Zeitschrift »Erziehungskunst«[23] »Aus der Praxis des Kindergartens« folgende Szene: »In einer Zimmerecke entsteht eben ein kleines Häuschen. Dort sind die großen Mädchen am Werk. Sie knüpfen ein paar bunte Tücher an Haken fest und bilden so die eine Wand. Zum Fenster hin breiten sie über einen Ständer ein paar bunte Tücher und legen sie so sorglich aneinander, daß in dieser Wand kein Löchlein bleibt. Ein besonders großes Tuch bildet das Dach. – Man sieht den Kindern den Eifer aus den Augen leuchten, so behaglich und geborgen fühlen sie sich in ihrer dämmerigen Höhle, in der sie Einzug halten, wie die lichte Seele im kleinen, dunklen Menschenleib...« Die Kinder spielen Verkörpert-Werden!

Ungewöhnliche Laute locken mich in den Spielkeller des Hauses, wo ich als Gast weile: Zwei größere Schwestern von vierzehn und neun Jahren spielen Traumerlebnisse mit den sechs- und dreijährigen Schwesterchen.

Auf Matratzenlagern »schlafen« die Kleinen ein. Mit rasch aufgerafften Tüchern verwandelt sich die Vierzehnjährige in einen Engel oder eine Fee, hebt die Jüngste vom Lager in ihre Arme und tanzt leise singend, schwingend und wiegend mit ihr aus dem Raum, gaukelt ihr Schlittenfahrten auf den Wolken vor und legt schließlich das ganz verzauberte Kind sanft aufs Bett zurück. Indessen wird die Sechsjährige ungestüm emporgerissen von einem wilden Dämon, der sie vor sich auf ein feuriges Pferd (ein hochkant gestelltes Federkern-Matratzenteil) setzt, sie in stürmischem Ritt gründlich rüttelt und schüttelt und schließlich abwirft. Darauf verwandelt er sich alsbald in einen riesigen furchtbaren Bären, der die Träumerin durch Brummen und drohende Gebärden erschreckt, bis er wiederum als Dämon mit dem wilden Pferd nach halsbrecherischem Galopp die »Schläferin« in ihr Bett stürzen läßt. »Wiederaufgewacht« erzählen die Kleinen einander dann ihre Träume.

Die Stätte dieses Spiels aus dem Seelenbereich ist ein Haus ohne Fernsehgerät.

KINDERSPIEL – ÜBERALL UND VON JEHER

Überall und von jeher haben Kinder gespielt. Die Umgebung im weitesten Sinne wurde erspielt und hat wiederum die Spiele beeinflußt.

Immer dienen die ersten Spiele der Erforschung von Raum und Zeit. Auch »Guck-guck« und »Da!« dürfte in allen Sprachen irgendwie vorkommen.

Sonne, Mond und Sterne scheinen überall, Reigen und Tänze gibt es darum auf der ganzen Welt ebenso wie Bälle, Reifen und Kreisel. Kanadische Indianerbuben trieben ihre Kreisel in wildem Wettlauf über das Eis der gefrorenen Flüsse, als hierzulande noch jeder Junge und viele Mädchen ihre Tanzknöpfe auf der Straße peitschten. Der »Welteroberer« Fußball trifft, wo immer er hinkommt, auf andere Ballspiele, die er dann verdrängt.

Geometrische Spiele sind über die Welt verbreitet, haben in manchen Ländern überraschende Blüten getrieben, während sie in anderen gerade nur existieren. Früher konnten bei uns Großmütter und Kinder aus Papier Helme, Segelschiffchen und Salzfäßchen falten, bei höherer Begabung noch Körbchen und Reiter und Roß. Erst die Japaner haben uns mit ihrer Origami-Kunst die

Fülle der Gestalten gezeigt, in die ein Papierquadrat sich unter geschickten Fingern verwandeln kann. Der flatternde Storch, der (tatsächlich!) hüpfende Frosch, die Fliege, der Papagei sind eine Bereicherung für die Kindergärten und Familien der ganzen Welt, soweit man überhaupt Papier besitzt.

Als Schulmädchen pflegten wir »Abhebis« (»Fadenabheben«) zu spielen: Eine zum Ring geknotete Schnur wurde um die Hände geschlungen und gegenseitig abgehoben, so daß »Matratze«, »Wiege«, »Säge« oder »Hosenträger« entstanden. Bei den Eskimos sei dieses Spiel in den langen Winternächten mit großer Fertigkeit betrieben worden; ob sie es heute noch spielen, weiß ich nicht. Die eigentlichen Meister dieser Kunst sind wohl die Papua-Buben auf Neu-Guinea: Drei Jahre lang hat ein schottischer Missionar ihnen auf die Finger geschaut. Ich habe gesehen, wie zwischen seinen Händen aus einer einzigen Schnur ein Schweinchen mit vier Beinen entstand, das an den Schnüren durch leises Spiel der Finger von einer Hand zur anderen und wieder zurück wanderte. Ein kurzes Schütteln und die Schnur war nur noch ein bloßer Ring, um alsbald in einen »Himmel mit drei Sternen« verwandelt zu werden.

Das Spiel mit dem Feuer ist für alle Kinder, wo immer sie leben, eine große Verlockung. Wegen der Gefahr sind ihm meistens recht enge Grenzen gesetzt.

Wo winters Schnee auf den Bergen liegt, gleiten auch Schlitten. Der Erdteil spielt dann keine Rolle mehr, lediglich unterscheiden sich die Formen der Schneereifen, Skier oder Rindenstücke, auf denen man stehend zu Tal gleitet.

Wo es Wasser gibt, entstehen auch Schiffchen oder Flöße. Ist Gefälle vorhanden, so werden Mühlen gebaut. An Gebirgsbächen in Südtirol benützen Kinder das fallende Wasser, um in großen Steinplatten mit daumendicken Löchern beliebige Kalksteinchen zu Marmeln abrollen und abrunden zu lassen.

Die Spiele mit dem Wind sind im Flachland und Hügelland zu Hause. Der Umgang der Kinder mit Tieren und Pflanzen wurde erst durch die Steinwüsten unserer Städte zum Problem.

Die menschliche Umgebung, der kulturelle Hintergrund prägt die »Menschenweltspiele«, sowohl die Rollenspiele als auch die nachahmenden Spiele mit Abbildern: Wo beispielsweise Viehzucht getrieben wird, spielen die Kinder mit Viehherden aus Lehm, aus Steinen, Tannenzapfen oder Holz, sei es in Afrika, im hohen Norden oder in einem Dorf in den Alpen. Im Hirtenmuseum in Basel gibt es kastenförmige hölzerne Spielkühe mit einem Schieber seitlich am Leib; macht man den auf, so kann man ein Kälbchen herausnehmen!

Sind einmal die Anfangsschwierigkeiten überwunden, so kann es geschehen, daß die Bauwerke der Kinder vom Baustil der Umgebung, von den eindrucksvollsten Gebäuden der Heimat (unter Umständen auch eines geliebten Ferienortes) beeinflußt werden. In einem Kindergarten in Trier sehen die Gebäude alle ein wenig der Porta Nigra ähnlich. Meine Söhne bauten lange Straßen mit kleinen Hofräumen an den Häusern: lauter Bergmannshäuschen, wie sie das Bild der Dörfer an der Saar prägen. Der Enkel dagegen baut am liebsten ein Kraftwerk. Kohlekraftwerke sind die imponierendsten Gebäude, die er kennt, und überdies arbeitet der geliebte Vater in einem solchen.

Müttertändeleien und »Ammenspiele« bereiten Sprachentwicklung und soziale Kontaktfähigkeit vor.

So formen und festigen gesunde Spiele den Menschen und lassen ihn den Gesamtbereich seiner Umgebung im weitesten Sinn erspielen.

Von außen nach innen haben wir diesen Gesamtbereich durchwandert, von Kapitel zu Kapitel, dem Gang der Verkörperung folgend, haben wir anhand der Kinderspiele die Einzelbereiche abgeschritten, die einander enthalten und umschließen wie konzentrische Kreise oder Kugelschalen. Schließlich, am Ende dieses Weges, sind wir beim Kinde selbst angelangt, bei den Spielen, die das Menschen-Ich meinen.

Zur Veranschaulichung folgt hier ein Bild:

Wir sehen in der Mitte das Kind, umgeben vom Kreis der Mitmenschen, die zusammen mit Tieren und Pflanzen zu den belebten Geschöpfen gehören. Sie alle bewohnen unsere Erde, welche die Menschen vergangener Zeiten bestehend dachten aus den vier Elementen Erde, Wasser, Luft und Feuer in verschiedenen Mischungen.

Da das Kind in seinem Erleben dieser Anschauung der Alten näher steht als unserer modernen Naturwissenschaft, sieht man als vierte Schale die vier Elemente. Unsere Erde gehört dem Kosmos an, der Welt von Sonne, Mond, Planeten und Sternen – der Kosmos bildet hier den nächsten Bereich. Er ist noch unterworfen den Gesetzen von Raum und Zeit, die als weitere Hüllen stehen, ihrerseits eingebettet in die Ewigkeit – in den Geist oder in Gott, wie immer man es nennen mag.

Von außen nach innen haben wir durch die dargestellten Bereiche hin die zugehörigen Kinderspiele verfolgt.

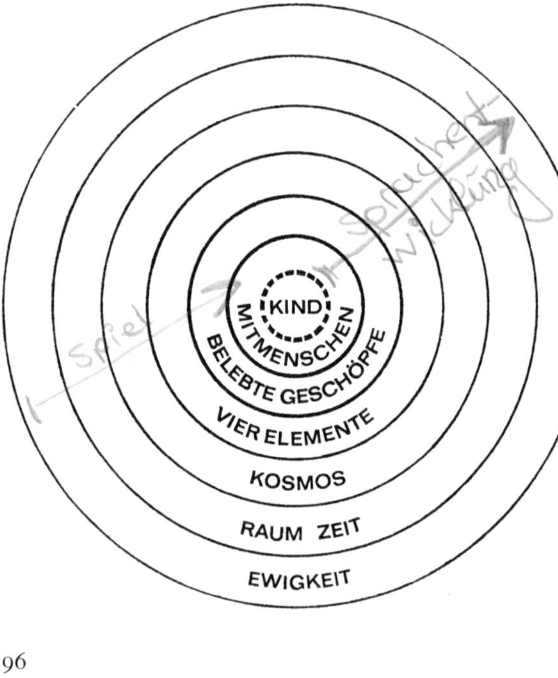

Aber von innen nach außen fortschreitend benennt das Kind seine Umgebung, wenn es der Sprache mächtig wird. Erst sagt es Mama, dann Wauwau, dann Licht oder Wasser oder Auto, dann Mond ... Zuletzt erst, wenn es schon fast alles andere sagen kann, nennt es sich selber »ich«.

Dem Erwachsenen stehen verschiedene Wege offen zur Auseinandersetzung mit dem gesamten Bereich seiner Umgebung:

Seit gut einem halben Jahrtausend wird die *experimentelle Forschung* auf immer mehr Bereiche angewandt – auch auf das Innere des Menschen und nicht nur das seines Körpers! Die Forschung hat die uralten Methoden der *Magie* abgelöst und – einstweilen – überwunden oder doch verbannt.

Kunst und *Philosophie* können uns auch durch alle Bereiche geleiten.

Der Weg der Kinder aber ist und bleibt das *Spiel*. Beständig durch die Zeiten und über die weite Welt hin gleichen sich die Kinderspiele. Noch heute wird am Mittelmeer und im Kaukasus ein eigentümliches Spiel mit Knöchelchen aus dem Schafs- oder Ziegenfuß gespielt – in letzter Zeit werden diese Knöchelchen auch aus anderem Material nachgeformt. – Dieses Spiel kennt man schon aus vorgeschichtlichen Funden, es hat immerhin Jahrtausende überdauern können!

Erstaunlich konservativ halten die Kinder auch an gewissen Gebräuchen fest, selbst dann, wenn deren ursprünglicher Sinn längst verlorengegangen ist. Der Brauch hat sich zum Spiel einer bestimmten Altersstufe entwickelt. Die »Uffahrtsbrut« (»Himmelfahrtsbraut«), die die Kinder in den Dörfern des Markgräflerlandes am Himmelfahrtstag blumengeschmückt mit einem Ansingelied von Haus zu Haus führen, ist eine späte Nachfahrin einer heidnischen Frühlingsgottheit.

Noch vor dem zweiten Weltkrieg liefen im durchaus protestantischen Sachsen (Leipzig) am Aschermittwoch die Kinder mit Tannenzweigen und Reisigbündeln von Haus zu Haus:

»Asche abkehren,
Langes Leben!
Mußt mir auch 'nen Dreier geben;
Dreier ist zu wenig,
Ich bin ein kleiner König.
Laß mich nicht so lange stehn,
Ich muß ein Häuschen weiter gehn.«

Aus den Zeiten vor der Einführung der Reformation haben die Kinder dieses auf das Aschenkreuz bezogene Spiel in die protestantischen Jahrhunderte mitgenommen.

Über eine Treppe aus lauter Spielen erreichen die Menschenkinder von jeher die Welt der Erwachsenen. Jede Treppenstufe setzt sich zusammen aus den Spielen einer Altersgruppe.

Es kann vorkommen, daß ein Kind plötzlich innehält und verwundert oder gar wehmütig auf eine verlassene Stufe zurückblickt, die inzwischen von jüngeren Kindern besetzt ist. »Die Jugend *nach* uns« pflegten zwei Schwestern überheblich zu sagen, als sie so dreizehn, vierzehn Jahre alt waren.

Als Zwölfjähriger hatte August Winnig[24] ein solches Erlebnis:

»Als ich vom Regenstein jenseits der Stadt die Teufelsmauer liegen sah, erinnerte ich mich der Zeit, wo dort meine Spielplätze gewesen waren. Das war schon so lange her, und es reizte mich, sie einmal wieder aufzusuchen. An einem der nächsten Tage ging ich hin. Alles war mir dort bekannt, aber doch kam es mir etwas fremd vor. Ich hatte das Gefühl, als sei dies eigentlich alles mein Eigentum, und als ich fremden Jungen begegnete, die sich jetzt unserer Spielplätze und Höhlen bemächtigt hatten, empfand ich deren Treiben wie einen Einbruch in meine Rechte.

So fand ich auch die alte Itschenhöhle. Ich kroch hinein und durchsuchte sie. Es war, als wäre ich nicht schon vier Jahre aus der Spielgenossenschaft der Höhle ausgeschieden, sondern erst gestern noch mit drinnen gewesen. Wie zu unserer Zeit waren die Ecken und Winkel mit Moos gepolstert und zu Sitzen hergerichtet. Im Hintergrunde, an der gleichen Stelle wie bei uns, war die Feuerstelle, verkohlte Zweige und geschwärzte Steine zeigten sie an. In einer großen Spalte, die weit in den Felsen hinaufführte, lagen die Waffen unter dem Rieselsande verborgen, angespitzte Stäbe, Flitzbogen, Pfeile von Schilf mit aufgesteckter Spitze aus dem Holze des Fliederstrauchs, ein altes Zwillingsmesser, ein Hohlschlüssel, den man durch Anbohren zu einer Pistole umgearbeitet hatte – alles wie zu jener Zeit, wo ich selbst zur Belegschaft der Höhle gehört hatte.

Eins aber fand sich, das wir noch nicht besessen hatten, einen kleinen Kasten mit einem Reste feinen Tabaks und ein paar Kalkpfeifen. Das war das Zeichen des Fortschritts, das einzige, was seit meiner Zeit als neuer Zeitvertreib hinzugekommen war.

Ich setzte mich an dem gleichen Platze nieder, den ich sonst gewöhnlich hier innegehabt hatte, und ruhte mich von dem Umherklettern aus. Dabei kamen mir merkwürdige Gedanken. Ich fand die Höhle unverändert – die gleichen Winkel, die gleichen Steine mit den Verwitterungslöchern und Quarzrippen, die gleichen Spalten wie zu meiner Zeit. Wie damals diente sie einer Jungenhorde zum heimlichen Unterschlupf, die die gleichen Spiele spielte, den gleichen Zeitvertreib trieb wie wir. Vor wenigen Jahren waren wir und war ich Besitzer dieser Höhle gewesen. Wir hatten in ihr gehaust und hatten nicht daran gedacht, daß es einmal anders kommen könnte. Nun gehörte sie anderen Jungen, und ich war hier wie ein Fremder, wie ein Eindringling, der hier nichts mehr zu suchen hatte...

Ich war den Jahren, denen diese Höhle gehörte, entwachsen. Zuerst erschreckte mich dieser Gedanke. Ich war erst zwölf Jahre alt, und doch sollte schon etwas vorüber und unwiederbringlich verloren sein!«

Kinder sträuben sich dagegen, Spiel-Stufen auszulassen. Eine Untertertianerin war jünger als die Mädchen in ihrer Klasse. Im Unterricht machte das nichts aus. In den Pausen aber spielte sie »Faul-Ei« und »Wo lauft die Scher?« mit den Quintanerinnen. Die Pausengespräche ihrer Klassenkameradinnen interessierten sie noch nicht.

KINDERSPIEL AUF DER FLUCHT

Wurde früher das Spiel der Kinder von den Erwachsenen mehr geduldet als gefördert, so befindet es sich heute – trotz aller gegenteiligen Beteuerungen und Veranstaltungen – buchstäblich auf der Flucht.

Betrachten wir, was die Söhne der Bergmannsbauern im Saar-Industriegebiet noch vor 50 Jahren spielten, so fühlen wir uns eher an Berichte aus dem vorigen Jahrhundert oder an Indianergeschichten erinnert als an die trostlose Langeweile, der unsere Schulkinder in den Städten ausgeliefert sind. Georg Meilchen, ein Bergmann mit gutem Gedächtnis, hat diese Spiele für mich aufgeschrieben (Elternbrief 12/71). Da heißt es dann: »Die schönste Zeit unseres Schuljungenlebens waren die Herbstferien. Da konnten wir uns so richtig von den Anstrengungen der Kultur erholen und den ›Bär (Eber) loslassen‹. Wir trieben dann das Vieh auf die Weide und waren den ganzen Tag uns selbst überlassen und lebten so wie die Steinzeitmenschen. Als allererstes machten wir ein Feuer, wenn die Sonne auch noch so warm schien, und bauten eine Hütte. Dann suchten wir Kartoffeln auf den Feldern und brieten sie in der Glut. Mit der selbstgebauten Angel fingen wir Fische; das wurde damals nicht so genau genommen. Auch machten wir Jagd auf Frösche, deren Schenkel wir aßen – wie die Fische am Stecken gebraten. Als Gemüse dienten Sauerampfer sowie junge Tannentriebe. Rüben und Kohlrabi wurden auch gegessen. Wir verwilderten immer mehr.

Manchmal wurde dieses friedliche Leben durch Knaben des Nachbardorfes gestört, welche in unser Gebiet einbrachen. Aber wir griffen den Feind mutig an und schlugen ihn zurück. Als Fernwaffen dienten uns Haselstöcke, die wir am oberen Ende spalteten: In den Spalt steckten wir Roßkastanien und bombardierten damit den Feind. Im Nahkampf benutzten wir unsere Peitschen. Von diesen Kämpfen wurde noch lange erzählt, wenn wir wieder in der Schule waren und das graue Alltagsleben wieder begonnen hatte...

Die Jungen heute kennen weder Kreisel noch Reifen. Sie können keine Pfeifen aus Weidenrinde machen und auch nicht die Klack, eine Spritze aus Holunder, mit der man schießen kann, und nicht die Davidsschleuder. Sie verstehen nicht, ein Feuer über Nacht zu erhalten; dazu benutzten wir, die wir so selten Streichhölzer besaßen, getrocknete Porlinge (Holzschwämme). Der Neandertaler wird auf solche Art sein Feuer erhalten haben. – Mit der Sprungstange und mit Stelzen weiß die Jugend von heute nichts mehr anzufangen. Man sammelt auch nicht mehr das wilde Kernobst und legt es ins Heu, damit es mürbe wird. Wir nannten das ›die Äpfel in die Munich legen‹. Eine Notwendigkeit bestand nicht, denn wir hatten alle Obstgärten. Aber der erste Beruf des Mannes war eben Jäger und Sammler, und das schlug immer noch durch.

Wir Jungen hatten ein Spiel, das wir Sauball nannten. Es war eine Art Hockey. Mit einem Knüppel wurde ein selbstgefertigter Stoffball in das gegnerische Lager geschlagen. Mit spitzen Hölzern wirft man auch nicht mehr. Ein 30 cm langes, an beiden Enden angespitztes Holz wurde mit einem Stock weit durch die Luft geschlagen. Es muß sich um ein altes Spiel handeln, denn ›mit spitzen Hölzern werfen‹ heißt im übertragenen Sinn, versteckte Bosheiten anbringen.

Das ist so ziemlich alles, was mir in Erinnerung geblieben ist.«

– Es ist eine ganze Menge! Eine Vielfalt von Anregungen und Möglichkeiten stand diesen Kindern offen, und die Grenzen ihrer Freiheit waren überschaubar und verständlich in ihren Zusammenhängen und ihrer Begründung. Das Getreide, das hohe Gras konnten nicht mehr sauber gemäht werden, wo sie niedergetreten waren. Es wurde nichts zerstört, nicht sinnlos getobt – auch keine Tiere gequält. Das Verspeisen der Fische und Froschschenkel war Jagd und Ernährung. Zu Hause wurden ja auch Hühner und Zicklein geschlachtet und gegessen. Selbst das Ausbrennen alter hohler Weiden tötete den Baum nicht, sondern schuf einen Schutzraum. Georg Meilchen erzählte mir, erst kürzlich habe er sich vor einem Platzregen in eine Weide geflüchtet, deren Hohlraum seine Bande damals mit Feuer erweitert hatte.

All das, was bei den geschilderten Knabenspielen, aber auch beim mittätigen Erleben des ländlichen Tages- und Jahresablaufs von den Kindern erfahren, begriffen und einverleibt wurde, ergab eine breite solide Grundlage, einen Vorrat für das ganze Leben. Man konnte das im Tun Ergriffene und Angewandte später verstehen lernen und denkend zum andern Mal ergreifen. Oder es wirkte mehr im Unbewußten weiter und half den Herangewachsenen, im schweren Bergmannsberuf ihren Mann zu stehen. Die sozialen Fähigkeiten, im Bandenleben der Dorfjugend geübt und entwickelt, wurden fruchtbar in der vorbildlichen Kameradschaft unter Tage, die in all unseren Gruben dem noch gesunden »Betriebsklima« zugrunde liegt.

Auch auf dem Lande hat sich das Leben geändert. Bubenhütten, wie sie Georg Meilchen 1977 am Waldrand entdeckt hat, erinnern an die Wildwest-Blockhütten aus den Fernsehfilmen. Knüppel und Stämmchen von solcher Stärke, wie sie darin verbaut waren, hätte man früher im Backofen verfeuert, wenn nicht gar verkauft.

Kindern, die am Rande eines größeren Waldgebietes aufwachsen dürfen, sind Spielraum und Abenteuer auch heute noch sicher. Da sie stets in größeren Gruppen unterwegs sind, tut ihnen auch nicht so leicht jemand etwas zuleid. Kleine Geschwister laufen als Anhängsel der Großen mit und wachsen in deren Spielwelt hinein.

Weitaus die meisten Kinder leben jedoch in Städten und größeren Siedlungen. An solchen Orten befindet sich das Kinderspiel buchstäblich auf der Flucht:

Die Straße, auf der die Mütter einst Federball spielten und »Frau, wollt Ihr Euer Kind verkaufen?«, dient heute dem Durchgangsverkehr; und auf der Wiese, wo die Väter damals die berühmten Fußballspiele »30 gegen 30« austrugen, stehen längst Einfamilienhäuser in sehr ordentlichen Gärten. Spielende Kinder sind in der ruhigen Seitenstraße nicht von allen Nachbarn gern gesehen, da ja ihre Bälle ab und zu in die Vorgärten fliegen.

Eine Zeitlang spielen sie am Bahndamm und im Tunnel, dann kommt die Bahnpolizei und scheucht sie weiter.

Die schöne große Grundwasserpfütze, Ort mannigfaltiger Lustbarkeiten, bestand leider nur ein paar Jahre lang. Jener herrliche Sandberg, auf den man vom Balkon des Neubaus herabspringen und so seinen Mut beweisen konnte, wurde gar schon nach drei Tagen zu Beton verarbeitet.

Nun lockt die ungeschnittene Hecke in Nachbars Garten. Zwischen die Sträucher wird altes Linoleum gelegt: »Das do is aweile mei Küch!« erfährt die doch etwas überraschte Nachbarin. Lang blieb es auch ein Rätsel, warum von den neu gepflanzten Haselsträuchern vier gediehen, während die Bluthasel am Zaun gar nicht voran wollte und immer wieder die Blätter verlor; bis, – ja, bis sich herausstellte, daß man dort »Wochenmarkt«

und »Mittagkochen« spielte und die rötlichen Blätter als Rotkraut brauchte. Das Ende der Herrlichkeit kam nicht etwa wegen der stibitzten Pfirsiche – die wurden als Tribut an die ausgleichende Gerechtigkeit, als späte Sühne für längst verjährte Taten des Hausherrn und seiner Söhne, verschmerzt –, sondern als die Waschbetonplatten, die für den neuen Gartenpfad bereitlagen, sich auf der Wiese zu Hausgrundrissen ausgebreitet fanden, sorgfältig und haltbar mit blauer Farbe bemalt! Daraufhin kam ein Vorhängeschloß an das Tor zu diesem Paradies. Ob allerdings der Schaden, den der Zaun nun durch ständiges Überklettern erleidet, nicht noch größer ist, das fragen sich die Leute.

Auf einem unbebauten Gelände hat eine Baufirma vorübergehend Steine und Schalholz gelagert. Sofort sind Kinder am Werk und bauen sich Häuschen und Unterstände. Als das Material wieder abgefahren wird, müssen sie sich einen neuen Spielplatz suchen. Sie tun es. Aus einem Spielgelände nach dem anderen vertrieben, haben sie den Mut und Unternehmungsgeist zum Neubeginn.

In diesem Fall haben sie sogar das Glück, das mit den Tüchtigen ist: Ein paar hundert Meter weiter findet sich Ödland, von mannshohen Stauden überwuchert, Goldruten und Beifuß. Zwei Schulbuben haben mir gezeigt, wie man daraus runde Hütten flechten kann ohne irgendein anderes Hilfsmaterial: Wo um einen trockenen Grasbusch herum die Stauden nahe beisammen stehen, werden die Stengel oben miteinander verflochten. Rundum werden, wo es etwa noch fehlt, kräftige Stengel dazwischen gestellt. Dann wird, von unten beginnend, die gesamte Hüttenwand mit Stengeln umflochten und verwoben wie ein Korb. Nur ein kleiner Einschlupf bleibt offen. In kurzer Zeit entsteht so eine ziemlich dichte Hütte, die mit Gras noch besser abgedichtet werden kann. Sind mehrere Kinder am Werk, so erwächst schnell eine kleine Siedlung.

So hätten er und seine Freunde es aber nicht gemacht, meint dazu ein junger Mann. Sie hätten immer Schnur im Hosensack gehabt; so sei erst ein spitzes Zeltstangengerüst aus Ästen und Zweigen oben mit Schnur zusammengebunden und mit Zweigen umflochten worden. Dann sei es mit Unkraut gedeckt und zuletzt von oben ein Stengelbündel darübergestülpt worden. Diese Hütte sei dann aber auch wetterfest gewesen!

Ganz ungenützt bleibt ein riesiges Staudengelände in der Nachbarschaft von Hochhäusern. Zwar wohnen dort viele Kinder, die ständig am Jammern sind, sie hätten keinen Spielplatz; aber mit den Stauden wissen sie nichts anzufangen. Sollte das Leben in einem Hochhaus der Spielfähigkeit so abträglich sein?

Ach, die Unkrautfelder sind Bauerwartungsland; wenn die Bagger und Erdschieber ihr Werk getan haben, werden dort neue Häuser entstehen. Und wenn alles fertig ist, wird man wohl für die Kinder den im Baugesetz geforderten Spielplatz einrichten, getreu dem Paragraphen 1, Absatz 1 der Ausführungsbestimmungen zum Saarländischen Spielplatzgesetz, welcher lautet: »Ein Spielplatz soll möglichst eben sein.«

Wahrscheinlich wird auch das Alter der Benutzer nach oben begrenzt sein, so daß die größeren Schulkinder auf jeden Fall neue Jagdgründe werden suchen müssen.

Wo die Erwachsenen nicht hingehen, weil sie sich sonst bücken oder naß machen müßten, weil Tannennadeln und Kletten ihre Kleider, Schlamm ihr Schuhwerk bedroht, dorthin flüchten sich die Kinder, dorthin retten sie ihre Spiele. Ist man erst einmal bis dorthin durchgedrungen, so sind die Gelegenheiten manchmal »ganz gemütlich«, ein andermal können es schattige, muffige Winkel sein, und man muß die Kinder bedauern, die nichts Besseres in Reichweite haben.

Die alten Sträucher am Rande des lieblos in die pralle Sonne gesetzten »Spielplatzes für Kleinkinder« bilden offenbar den größten Reiz dieser an sich trostlosen Veranstaltung. Ihren blankgewetzten Ästen sieht man die Benutzung an, während im Sandkasten der Hundedreck ungestört in der Sonne dörrt.

Aber seht, dort wird ja der Parkrasen geschnitten, vielleicht sogar mit dem Balkenmäher! Nun können die Kinder aus dem frischen Grasschnitt eine Wohnung bauen. Nur höchstens ellenhoch sind Wände, Betten und Sessel, und schon ist das Familienspiel im Gange. So haben wir als Kinder auch mit dem frischgemähten Gras gespielt. Und die Grasschlachten! Und die armen Kinder, die dabei nie mitzumachen sich trauten, weil Grasflecken an ihre Kleider kommen könnten!

Die Stadtgärtnerei hat nichts gegen das Spielen auf den öffentlichen Rasenflächen, solange das Gras nicht durch Fußballer ruiniert wird. Immer wieder nehmen jedoch ordnungsliebende Mitbürger Anstoß an dem harmlosen Vergnügen. Sie rufen bei der Stadt an, machen empört auf den »Unfug« aufmerksam, verlangen »Protokolle« oder doch strenge Verweise für die Kinder, falls sie dieselben nicht schon aus eigener Machtvollkommenheit weggejagt haben, – und sind ganz frustriert, wenn man ihnen sagt, die Kinder dürfen das!

Wo aber nicht einmal Gras wächst, da geht es mit dem »Wohnungsbau« noch abstrakter zu: Mit Kreide oder Gips werden die Mauern auf den Asphalt gemalt und die Einrichtung gleich dazu. Dann findet das Familienspiel auf den Grundriß statt; die dritte Dimension ist der Zivilisation zum Opfer gefallen.

Das waren noch Spielzeiten, als die Höfe und Lagerräume der Städte Raum für Spiel und Abenteuer boten!

...Die Kisten in unserem Hofe
die tapezierten wir aus
und wohnten darin beisammen
und machten ein vornehmes Haus...
(Heinrich Heine)

Wer seine Kindheit nach dem letzten Krieg in deutschen Städten erlebt hat, wird sich mit Entzücken der

Trümmergrundstücke erinnern. Das war eine Welt voller Abenteuer, Überraschungen und Gefahren. Da gab es grüne heimliche Verstecke, wo das Farnkraut an den Wänden wuchs, ragende Mauerreste und geschützte Versammlungsplätze. Man konnte bauen, klettern, Feuer machen. Nur Kinder kannten sich in dem Labyrinth verschlungener Pfade aus, das diese Wildnis durchzog. Heute sind solche »Schandflecke« beseitigt. Das Auge labt sich an ordentlich gehaltenen Häuserfronten, gepflegten Anlagen und (hoffentlich wenigstens!) sauberen, langweiligen Kinderspielplätzen.

Wenn Kinder im Garten der eigenen Eltern oder Großeltern nicht spielen dürfen, vielleicht, weil derselbe »zu schön« ist, so ist das schlimm genug. Es gibt aber auch Kinder, die von öffentlichen Spielplätzen ausgeschlossen sind.

In einem Elendsquartier letzter Sorte, »Schlichtestwohnungen« ohne Wasser in den Küchen, hat ein Bewohner sich strafbar gemacht, indem er sich und einigen Nachbarn Wasserleitungen in die Küchen legte. Das waren »eigenmächtige Veränderungen an städtischem Eigentum«. Der gleiche Mann hat für die Kinder seines Ghettos aus alten Brettern eine Spiellaube gebaut, wo die verwahrlosten Mädchen mit ihren Puppen »Mutterches« spielen konnten. Die Stadt hatte lediglich dicht neben dem Müllbehälter einen Sandkasten für die Kinder angelegt. Im übrigen wurden sie auf den Spielplatz des nächsten Wohnblocks verwiesen.

Von jenem Platz jedoch waren die Barackenkinder ausgesperrt durch eine *Sozialschranke,* die sie nur in kriegerischen Auseinandersetzungen zuweilen gewaltsam durchstoßen konnten. Für das Spiel blieb dabei wenig Muße.

Genau die gleiche Situation – daß Kinder von dem ihnen behördlicherseits zugedachten Spielplatz durch eine Sozialschranke geschieden sind – bestehe auch in seiner Gemeinde, bestätigte mir kürzlich ein Geistlicher aus Schottland.

Was wird in einem solchen Fall weitergeschehen? Muß man sich eigentlich wundern, wenn die Herangewachsenen den Spielplatz, auf dem sie als Kinder nicht spielen durften, schließlich zerstören?

UND JETZT –

Unserer Industriegesellschaft mit ihrer vorrangigen Hochschätzung des Intellektes ist es vorbehalten geblieben, die uralte, wunderbare Treppe der Kinderspiele in Frage zu stellen und zu verstümmeln. Oft werden recht bedenkliche Surrogate an die Stelle altbewährter Stufen gesetzt. Der erste Eindruck ist wohl der einer Verarmung. Auf dem Gemälde »Kinderspiele« von Pieter Breughel hat man achtzig verschiedene Spiele erkannt, die damals sicherlich Allgemeingut der flämischen Kinder waren. Wieviel verschiedene Spiele sind heute noch Allgemeingut der Kinder? Wer durch die Straßen und über die Spielplätze ginge, um zu zählen, würde schwerlich auf achtzig kommen.

Seit etlichen zwanzig Jahren hat sich *ein* neues Straßenspiel, ein einziges!, durchgesetzt und behauptet: »Gummitwist«. Während alle Hula-Reifen und Knatterkugeln nur kurze Zeit das Geschäft belebten und dann spurlos verschwanden, hat sich dieses Spiel, wozu man lediglich Einzieh-Gummibänder aus Mutters Nähschublade braucht, rasch über die Welt verbreitet. Es ist so recht ein Ausweich-Spiel. Um es zu spielen, braucht man nicht mehr Platz, als um tatenlos herumzustehen. Man macht beim Spielen kaum Lärm und kann sich doch beliebig dabei anstrengen. Das Gummiknäuel rollt nicht auf die Fahrbahn, zerkratzt keinen Autolack, zerreißt keine Strumpfhosen und stellt keine Ansprüche an Pflege und Wartung, beansprucht keinen Einstellplatz, kaum Stauraum.

Ein neues Spiel gegen so viele verlorengegangene alte! Und das, obwohl es noch niemals zuvor eine solche Flut von Spielbüchern und Spielhilfen verschiedenster Art gegeben hat.

Unsere Zivilisation bringt allmählich ein Gegenbild zustande. Betrachten wir noch einmal die Skizze der Umgebungsbereiche (S. 196), und wir werden sehen, wie heutzutage den Kindern das Einspielen in diese Bereiche erschwert wird.

Wer vermag noch aus innerer Überzeugung den Kindern von ihrer himmlischen Heimat zu sprechen? Selbst die Märchen, die in gültigen Bildern geistige Tatsachen schildern, werden entmythologisiert, »entschärft« und verdächtigt.

Der Raum – der Spielraum wird den Kindern streitig gemacht: Die Straßen gehören dem Verkehr, die Höfe den Garagen, die Grünanlagen noch eher den Hunden als den Kindern, die Wohnungen sind zu eng. Und die Zeit? Man hat sie nicht für die Kinder, will sie einerseits »sparen« und andererseits »vertreiben«. Sogar bei der Wartung von Babys versucht man immer wieder, um der

Mutter Zeit zu sparen, »Automaten« zu verwenden, die sich auf Bewegung oder Weinen einschalten und dann das Kind wiegen oder mit Musik berieseln. Schließlich soll die Kinderzeit, die Spielzeit, abgekürzt werden durch verfrühtes Lesenlernen.

Mond und Sterne verschwinden hinter starken Lichtreklamen. Wie manches Kind mag im Fernsehen die Mondlandung gesehen haben, das in der Wirklichkeit noch nicht einmal die Mondphasen kennt: Vollmond, Halbmond, Sichelmond!

Erde macht schmutzig, Wasser ist naß, vom Durchzug kriegt man Schnupfen und Feuer brennt.

Pflanzen sind »giftig« oder »verboten«, Tiere »beißen« oder sind »eklig«.

Mitmenschen werden zu Hause lieblos kritisiert, oder die Kinder müssen vor ihnen als vor Feinden gewarnt werden.

Von allen Seiten dringen Eindrücke und Reize jeder Art auf das Kind ein – wie soll es da »zu sich« kommen?

Betrachtet man das alles, so braucht sich eigentlich niemand zu wundern, daß Abwehrreaktionen, Zerstörungstriebe und Kontaktarmut unsere jungen Leute zum Problem werden lassen.

Wie schamlos wird an Kindern Geld verdient! Das fängt mit dem Prestige-Kinderwagen an. Schönes, bewährtes Spielzeug verschwindet vom Markt, weil nicht genug daran verdient wird. In exklusiven kunstgewerblichen Spielzeugläden kann man solche – einst allgemein verbreiteten – Dinge wohl kaufen, und manche davon sind es wert, daß man die Ausgabe nicht scheut. Statt dessen kommt Jahr für Jahr der neueste Hit und letzte Schrei auf den Spielzeugmarkt – »öfter mal was Neues« –, aber wenn es um Kinderspielzeug geht, da sind es ja immer wieder neue Kinder, die mit neuem Staunen mit den gleichen Sachen spielen, die diese Altersstufe seit eh und je entzückt haben. Das »ganz große Geschäft« steckt da nicht drin; also werden Kindern und Eltern – vor allem den letzteren! – immer neue Bedürfnisse eingeredet. Und wenn unsere jungen Leute, die als Kinder alles *haben* konnten, aber nur nichts *machen* durften, selber Geld verdienen: Steht da nicht die Welt der Erwachsenen, die Wirtschaftswelt wie eine Räuberbande bereit, ihnen dieses Geld wieder abzunehmen? Erst werden Wünsche und Begierden mit raffinierten Methoden künstlich angeheizt, und dann wird Überflüssigstes, ja Schädliches und Gefährliches als Notwendigkeit angepriesen und verkauft. Nein, wir brauchen uns nicht zu wundern: Unsere Gesellschaft ist kinderfeindlich, da *müssen* ja unsere jungen Leute Gesellschaftsfeinde werden!

Unsere Umwelt wird immer steriler, immer ärmer an Spielmöglichkeiten.

Während die Erwachsenen sich eines bisher nie gekannten Komforts erfreuen, haben die Kinder zwar mehr Spielzeug, als ihre Väter und Mütter und sämtliche

Großeltern zusammen je besaßen, dafür müssen sie aber auch Rücksichten nehmen und Einschränkungen erfahren, die den Vorfahren unbekannt waren.

Wer jetzt aber auf die Idee kommt, die Kinder seien bei diesem Tausch schlecht weggekommen, der erregt nur allgemeines Kopfschütteln. Schlägt er gar vor, die Kinder lieber selber etwas machen zu lassen, ihnen statt aufwendiger Spielplastiken aus Betonelementen alte Bretter, Hämmer, Nägel und Sägen zu geben, so gilt er als überspannt, sentimental oder tollkühn.

Findet sich dennoch die nötige ideelle und materielle Unterstützung und kommt wirklich ein Bauspielplatz zustande, so werden sich gleich einige Nachbarn durch den fröhlichen Kinderbetrieb und das bißchen Holzrauch schwer belästigt fühlen. Autolärm und Auspuffgase erträgt man als Begleiterscheinungen der wirtschaftlichen Aufwärtsentwicklung, aber *Kinder,* das geht zu weit! Sie werden Prozesse anstrengen und sich empört zusammenschließen. Sie werden Macht und Einfluß geltend machen. Wer die Presseberichte über – z. B. Berliner – Abenteuer-Spielplätze verfolgt, weiß, daß ich nicht übertreibe. Aber auch die seit über zwei Jahrzehnten erfolgreichen Robinsonplätze der Städte Basel und Zürich werden unentwegt von solchen Ruhe- und Ordnungs-Fanatikern angefeindet.

Die Kinder selber haben keine Möglichkeit, ihre Bedürfnisse geltend zu machen. Sie haben keine Vertreter in den Parlamenten und auch keine Wählerstimmen, auf die man Rücksicht nehmen muß. So kommen sie als soziale Gruppe immer noch leicht zu kurz.

Man muß ihnen helfen. Wer seine eigenen Kinder lieb hat, sollte sich auch um andere Kinder kümmern: Es sind die zukünftigen Mitbürger seiner Kinder. Gemeinsames Handeln aller Einsichtigen ist nötig.

Glücklicherweise sind immer mehr Eltern bereit, auch in der Öffentlichkeit mitzuhelfen. In der Schweiz gibt es schon 20 bis 30 Robinsonplätze, die ganz von Eltern betreut werden und sich mehr und mehr zu Begegnungsstätten für die ganzen Familien entwickeln. Nicht mehr wie einst von fünf bis fünfzehn, sondern von null bis hundert reiche das Alter der Platzbenutzer! Wie wichtig für alle solche selbsterkämpften Nachbarschaftstreffpunkte werden können, läßt sich kaum abschätzen. Nicht nur die Kinder sind ja übel dran durch die Isolierung der Kleinfamilie in der Kleinwohnung, wo ihre Mütter Zustände kriegen und lieber in den Beruf zurückgehen, als ständig mit ihren – laut Statistik – eins Komma sieben Kindern in den vier hellhörigen Wänden auf die Nerven der Nachbarn Rücksicht zu nehmen.

Die Schweizer mit ihrer alten Tradition der Bürger-Mitverantwortung sind uns da ein gutes Stück voraus. Wir sollten uns nicht genieren, ihnen etwas abzugucken und auf unsere Verhältnisse anzuwenden. Es gibt so viele Stellen, wo man ansetzen kann.

Die langweilige Leere, an der man Gefängnishöfe und Schulhöfe erkennt, kann auf eine lange unrühmliche

Vergangenheit zurückblicken. Wenn heute durch Aufstellen von Plastiken und Blumenkübeln vielerorts etwas für's Auge getan wird, den Kindern ist damit noch nicht entscheidend geholfen. Sie brauchen nicht noch mehr optische Eindrücke, sondern mehr Anregung zur Bewegung. Viele von ihnen sind ja mit dem Schulbus gekommen ohne all das Hüpfen, Springen und Mäuerchenbalancieren des Schulwegs.

Ein Lehrer gab in den großen Pausen Bälle, Stelzen, Ringe und Bocciakugeln an die Schüler aus. Der Erfolg: mehr Spaß und Spiel, weniger Streit und Geschrei, weniger Butterbrotpapier im Hof und erholte, aufnahmefähige Schüler in der nächsten Stunde. Der Nachteil: es war stets ein und derselbe Mann, der einen Teil seiner Freizeit dem Ausgeben und Einsammeln der Geräte opfern mußte – die Kollegen lehnten eine Beteiligung ab. Schließlich gab der eine eben auch auf. Immerhin ist durch seine Initiative der Schulhof etwas besser ausgestattet worden; es gibt da ein Netz für Basketballspiele – auch in der schulfreien Zeit.

Als der Pausenhof einer Schule in Berlin der von Jahr zu Jahr anwachsenden Schülerschar nicht mehr genug Bewegungsraum bot, entschlossen Elternschaft und Lehrer sich, den Hof mit Spielgeräten auszustatten. Die Eltern spendeten den größten Teil des notwendigen Geldes, das Bezirksamt steuerte bei, was fehlte. Das Gartenamt brachte vier gefällte Linden. Die Jungsozialisten übernahmen das Aufstellen in freiwilligem Einsatz.

Heute umrahmen die Lindenstämme einen Sandhaufen, in dem in jeder Pause spannende Ringkämpfe ausgetragen werden, wobei die Zuschauer auf den Stämmen sitzen. Die Herausforderer gehen außen herum und stoßen den erwählten Gegner vom Stamm in den Sand hinunter. Ein Kombinationsgestell dient zum Klettern, Turnen und Schwingen. Selbst die Torwand wird zum Klettern benützt. Ein Erlaß des Rektors besagt: »Rennen, Schreien, Ballspielen und Rollschuhlaufen im Schulhof ist erlaubt, nur darf niemand dabei gefährdet werden!« Spielgeräte und Erlaß haben sich bewährt. Die Kinder sagen, der Schulhof komme ihnen seither viel größer vor. Und die Unfallgefahr? Der Rektor ließ die Eltern wissen, im ersten Halbjahr nach Aufstellen der Geräte und Freigabe wilder Spiele sei die Zahl der Unfälle weit unter den seit Jahren ermittelten Durchschnittswert gesunken und habe dann allmählich wieder die normale Höhe erreicht.

Muß man da wirklich noch hinzufügen: zur Nachahmung empfohlen!?

Wer ein Haus besitzt oder womöglich gerade baut und Kinder hat, sollte die Einrichtung eines *Spielkellers* zumindest erwägen. Ein Spielkeller hat viele Vorteile. Es gibt Spiele, die in der Wohnung kaum zu verkraften sind, Spielsachen, die sehr viel Raum beanspruchen. Ein Spielkeller muß trocken, gut isoliert, heizbar, fußwarm und hell sein. Tagtäglich benützt wird der große Spielkeller eines kinderreichen Hauses: Er hat Teppichboden;

an einer Wand ist eine dreiteilige ausrangierte Schultafel befestigt. Unter den Sitzen der Eckbank werden die vielen bunten Stoffe verstaut, die man so nötig braucht, sei es zum Verkleiden, sei es als Raumteiler oder Zelttücher, wozu dann noch Schnüre und sehr viele Wäscheklammern gehören. Ein Tisch steht da, Ping-Pong-Platten zum Aufstellen und drei große Behälter mit Bauklötzen. Weitaus das Wichtigste sind jedoch die vielen Federkern-Matratzen-Teile; ihr Spielwert kann gar nicht hoch genug eingeschätzt werden: Man braucht sie zum Sitzen, Liegen, Turnen, Bauen, aber man kann auch auf ihnen reiten. Die gerade außer Gebrauch befindlichen Spielsachen sind jedoch *nicht* in diesem Raum untergebracht, andernfalls könnte man dort bald nicht mehr spielen, sondern nur noch waten. Nachträglicher Seufzer: mit mehr Geld wäre der Raum höher geworden, so hoch, daß auch großgewachsene Leute darin einen Radschlag riskieren könnten.

Ist die Höhe eines Spielkellers eine Geldfrage, der Bildungswert eines Spielzeugs ist es glücklicherweise nicht. Das wird uns nur eingeredet von der Spielzeugindustrie, für die das Kinderspiel umso interessanter ist, je mehr und je teureres Spielmaterial man dazu kaufen muß. Dabei hat die aus Abfallklötzchen erbaute Stadt, das aus Brettchen roh zusammengenagelte Flugzeug viel mehr Wert für die Entwicklung der Geschicklichkeit und auch der Phantasiekräfte als die Lego-Welt in all ihrer sauberen niedlichen Perfektion.

Die Werbung arbeitet geschickt. Man merkt kaum, wie sehr man von ihr beeinflußt wird. Was können gewöhnliche Leute unter gewöhnlichen Bedingungen überhaupt machen, um ihre Kinder vor dem Moloch Wirtschaft zu bewahren, der sie – ohne Rücksicht auf ihr wirkliches Wesen – zu Normalverbrauchern zurechtformen und dann ausbeuten will? Wo kann man ansetzen, damit nicht unsere Jugendlichen rückblickend auf die Spiele und Spielsachen ihrer Kinderzeit nur verbittert sagen: »Verdammt gut mag daran verdient worden sein« – oder schlimmer noch: »Verdammt billig haben sie sich damit losgekauft von ihrer Elternpflicht. Sie haben meine Hände gefüllt und mein Herz leer gelassen.«

Wehe ihnen und wehe uns, wenn dann nicht wenigstens *eine* Erinnerung auftaucht: »Aber halt – da war doch der Schubkarren, den der Pate am vierten Geburtstag brachte – er hatte ihn selber gebaut im Urlaub – fest und stabil, und meinen Namen eingebrannt, ›damit sie ihn dir nicht klauen können‹ – war das eine Freude!«

An uns liegt es, solche Freuden zu schaffen, wunderbare Dinge geschehen zu lassen, die in der Erinnerung weiterleben. Es bedarf nicht immer großen Aufwands – das Besondere, das Unvergeßliche kann eine Winzigkeit sein. Mein Großvater, der wußte, wie gern die zwei kleinen Enkelinnen in seinem Papierkorb stöberten, pflegte diesen vor ihrer Ankunft extra zu »beschicken« mit buntem Papier, kleinen Schächtelchen, damit sie auch etwas Hübsches darin finden konnten.

Der Goldfaden, das Tannenzweiglein, die »das Christkind auf der Treppe verloren hatte«, bildeten für einen geschwisterlosen Knaben den Gipfel des weihnachtlichen Entzückens. Die gesammelte Vorfreude strömte von diesem höchsten Punkt in die Feier des Weihnachtsabends ein. In einer anderen Familie fand Jahr für Jahr an Ostern eine solche Vorfreudezeremonie statt: Der Spaziergang mit dem Vater, bei dem man stets unterwegs etwas fand, das »der Has' verloren hatte«. Anschließend wurden dann daheim im Garten die Ostereier gesucht. Der älteste Sohn war vierzehn, als er auf diesem Spaziergang den Vater vertreten und selbst für Brüder und Vettern unterwegs unauffällig die kleinen Schokoladeeier an den Wegrand praktizieren mußte. Dabei wurde ihm zum erstenmal klar, wie dieser Osterspaß funktioniert hatte. Die Reaktion war natürlich nicht Enttäuschung, sondern Dankbarkeit. Der nächste Bruder war noch jahrelang der Meinung, jemand sei immer in der Frühe vorausgegangen und habe die Überraschung vorbereitet. Dieser Osterspaziergang war mindestens so wichtig und so spannend wie nachher das »Hasjagen« im Garten.

Das von Vorfreude überglänzte Hinführen zu Festen, zu Geschenken kann viel stärker wirken als diese selbst. Das Element der Spannung eignet besonders den selbergemachten Spielsachen, den Dingen, die das Kind entstehen sieht. Das fängt an mit dem abendlichen Butterbrot, das kleingeschnitten und als »Eisenbahn« aufgefahren viel besser schmeckt. Da sind die Faltschnitte, Ringelreihen oder Tierchen aus Papier, die große Überraschung auslösen, all die schnell gefertigten Kleinigkeiten, und sei es die Taschentuch-Maus, die so plötzliche Sätze macht.

Es folgen größere Dinge, Schiffchen, ein Wasserrad, schließlich solche Hauptstücke wie ein Schaukelpferd, ein Puppenhaus oder gar ein Häuschen irgendwo im Garten nur für die Kinder.

Unser »Strohhüttchen«, vom Vater erbaut, hieß noch immer so, als es längst die zweite oder dritte Dachpappebedeckung überdauert hatte. Es steht ein kleiner Herd drinnen, und seit über fünfzig Jahren ist das nun halbzerfallene Häuslein ein Schauplatz von Kinderglück. Das sind Erinnerungen, die wiegen: Ein gestrickter Hanswurstel, den man unter Großmutters Händen wachsen sah, die dicke Babypuppe, die unter Messer und Nadel der großen Schwester entstand, von der man bis zuletzt fürchten mußte, sie sei »für ein anderes Kind«, und die dann an Weihnachten doch da war im gestrickten blauen Anzug! Die Puppenmutter von damals hat heute sieben eigene Kinder, aber das Glücksgefühl von damals wurde von allem späteren Glück selten erreicht, nie übertroffen.

Oft versuchen die Angehörigen, ein schwerkrankes Kind durch ein besonderes Spielzeug ins Leben zurückzulocken. In einer Heidelberger Kinderklinik lag ein kleiner Junge an Hirnhautentzündung todkrank – die

Ärzte hatten keine Hoffnung mehr. Der Vater sagte zu den Schwestern: »Ich habe ihm ein Segelschiff versprochen – das will ich ihm jetzt bauen.« Die Schwestern – wenn auch überzeugt, daß das Kind sterben müsse – fanden es doch gut, daß der betrübte Mann eine »Ablenkung« in dieser Bastelei suchte.

Nach wenig Tagen schon brachte der Vater das prachtvoll gelungene Schiff und stellte es neben dem Bettchen seines bewußtlos verdämmernden Sohnes auf. Ach, wenn das den armen Mann nur ein wenig tröstet, dachten die Schwestern. Am nächsten Morgen schlug das »sterbende« Kind die Augen auf und sagte im Ton des befriedigten Wiedererkennens: »Da ist ja auch mein Segelschiff!« – und wurde gesund.

Ereignisse wie jener Drachentag der zwei amerikanischen Farmersfamilien, Aufführungen – es brauchen gar keine so ungewöhnlichen Dinge zu sein –, *im richtigen Augenblick* kann eine sehr einfache Veranstaltung zu einem Glanzstück erster Größe werden und Entscheidendes im Kind bewirken. Um den richtigen Augenblick geht es auch den erfahrenen Müttern, die verfrüht gegebene Geschenke klug zurückhalten – manchmal jahrelang. Bis – vielleicht an einem verregneten Feriennachmittag – genau der Zeitpunkt gekommen ist für den technischen Baukasten oder das komplizierte Gesellschaftsspiel, die sonst nur den weihnachtlichen Geschenkberg erhöht hätten.

In jedem Augenblick zu wissen, was *jetzt* das Richtige

und Wichtige ist, das wünscht sich der Erzieher, danach strebt er.

Denn solche Spiele, solche Spielsachen, für ein bestimmtes Kind oder für bestimmte Kinder in einem bestimmten Augenblick geschaffen, sind Verbündete aller guten und aufbauenden Kräfte. Die Kinder fühlen sich dann nicht als Massenwesen mit einem Zigmillionstel des Massenangebotes an Massenware in ihrer Unwichtigkeit und Austauschbarkeit abgestempelt, sondern sie erleben ihre Einmaligkeit als Persönlichkeiten. Besonderes wurde für diese Kinder allein geschaffen, und gewichtig werden sie später ihre Verantwortung fühlen. Sie werden ihr Leben führen nicht als Massenteilchen, die sich treiben lassen, sondern als Menschen, auf deren Taten und Gedanken es ankommt.

LITERATURVERZEICHNIS

1. *Harlacher, Richard,* »Lernen im Spiel«. Katzmann Verlag, Tübingen 1967.
2. *Steiner, Rudolf,* »Die Erziehung des Kindes vom Gesichtspunkte der Geisteswissenschaft«. Verlag Freies Geistesleben, Stuttgart.
3. *Andres, Stefan,* »Der Knabe im Brunnen«. Piper Verlag, München.
4. *Carossa, Hans,* »Eine Kindheit«. Insel Verlag, Frankfurt a.M.
5. *Fowler, Frances,* »The day we flew the kites«. Reader's Digest 7/1949.
6. *Foerster, Karl,* »Garten als Zauberschlüssel«. Rowohlt Verlag, 1934.
7. *Steffens, Lincoln,* »Ritt ins Leben«. Over Seas Editions, New York.
8. *Kügelgen, Wilhelm v.,* »Jugenderinnerungen eines alten Mannes«. Bücher der Rose, Langewiesche-Brand.
9. *Ssolouchin, Wladimir,* »Ein Tropfen Tau«. Anton Pustet, München.
10. *Viebig, Clara,* »Das Miseräbelchen«. Wiesbadener Volksbücher.
11. *Lusseyran, Jacques,* »Das wiedergefundene Licht«. Klett-Verlag, Stuttgart.
12. »Der Elternbrief«. Ratschläge und Hilfen für die Erziehungspraxis. Verlag Die Kommenden, Freiburg/Br.
13. *Christaller, Helene,* »Als Mutter ein Kind war«. Reinhardt, Basel, 1933.
14. *Bettelheim, Bruno,* »Liebe allein genügt nicht«. Klett-Verlag, Stuttgart.
15. *Gallico, Paul,* »Love of seven Dolls«. Michael Joseph, London.

16. *Melchers, Maria,* »Kirchstraße 22«. Matthias Grünewald-Verlag, Mainz.
17. *Donell, Annie Hamilton,* »Rebecca Mary«. Harper & Brothers, New York & London.
18. In: »Erziehungskunst«, Monatszeitschrift zur Pädagogik Rudolf Steiners, herausgegeben vom Bunde der Freien Waldorfschulen. Verlag Freies Geistesleben, Stuttgart, Nr. 3 / 4, 1968.
19. *Axline, Virginia,* »Dibs«. Scherz Verlag.
20. *Purschke, Hans,* »Kasperl«. Lux-Lesebogen Nr. 27/28.
21. *Marwitz, Christa von der,* »Spielzeug aus Frankfurter Familienbesitz«. Waldemar Kramer, Frankfurt a. M.
22. *Saint-Exupéry, Antoine de,* »Die Stadt in der Wüste«. Karl Rauch Verlag, Düsseldorf.
23. »Erziehungskunst«. 5 / 6, 1969.
24. *Winnig, August,* »Frührot«. Friedrich Wittig, Hamburg.

LITERATURHINWEISE

Baur, Alfred, »Das Fingertheater«. Novalis Verlag, Schaffhausen.

Hahn, Herbert, »Vom Ernst des Spielens«. 2. erweiterte Auflage 1966. J. Ch. Mellinger-Verlag, Stuttgart.

Herzka, Heinz Stefan, »Spielzeug-Thesen«. Über die Wirkung der Dinge auf das Kind. Pro Iuventute Verlag, Zürich.

Heydebrand, Caroline von, »Vom Seelenleben des Kindes«. 4. Auflage 1966. Verlag Freies Geistesleben, Stuttgart.

Heydebrand, Caroline von, »Vom Spielen des Kindes«. 4. Auflage 1967. J. Ch. Mellinger-Verlag, Stuttgart.

Jacquet, Fritz, »Mit unsern Kindern die Natur entdecken«. Auf Wander- und Wunderfahrt in die Welt. Verlag Die Kommenden, Freiburg.

Jaffke, Freya, »Spielzeug von Eltern selbstgemacht«. Freie Georgenschule, Reutlingen.

Kischnick, Rudolf, »Was die Kinder spielen«. 2. Auflage 1969. Verlag Freies Geistesleben, Stuttgart.

Korczak, Janusz, »Wie man ein Kind lieben soll«. Vandenhoeck & Ruprecht.

Lenz, Friedel, »Die Bildsprache der Märchen«. Verlag Urachhaus, Stuttgart.

Lenz, Friedel, »Mahle, mahle Grützchen«. Verlag Die Kommenden, Freiburg.

Melina, »Frauwi«. Diana, Zürich.

Wigand, Leni, »Erziehung heute«. Handwerk u. Technik. Dr. Felix Bücher.

Von der Religion des kleinen Kindes

Von Marta Heimeran

4. Auflage, 160 Seiten, kartoniert

Marta Heimeran hat in dieser Schrift Wege zu zeigen versucht, das Kind auf gesunde Weise ins Leben zu führen, indem seine eigene religiöse Welt berücksichtigt, respektiert, gefördert wird. Dabei kann es nicht um die Vermittlung religiöser Inhalte gehen, sondern um die Pflege der im Kind angelegten religiösen Grundhaltung von Ehrfurcht, Andacht und Verehrung, z. B. den Schönheiten der Schöpfung gegenüber.

Feiern der Jahresfeste mit Kindern

Für Eltern dargestellt von Brigitte Barz

3. Auflage, 164 Seiten, kartoniert

Das Feiern der christlichen Jahresfeste ist ein unverzichtbarer Bestandteil gesunder Kindererziehung. Brigitte Barz gibt mit ihrem Buch den Eltern eine wertvolle Hilfe an die Hand, indem sie zunächst die einzelnen Jahresfeste in ihrem Sinn und Charakter und ihren Hintergrund behandelt und dann die bekannten Symbole und Gebräuche erläutert, um anschließend konkrete Vorschläge zur Gestaltung der Feste zu geben.

Lieder

Für Ferien, Fahrt und Lagerfeuer

Herausgegeben von Dieter Hornemann

3. Auflage, 164 Seiten, kartoniert

Eine aus langjähriger Ferienlager-Praxis entstandene Sammlung von über 130 heiteren und besinnlichen Abend-, Wander- und Zigeunerliedern.